U0602447

忧虑与危机

厦门大学人文经典系列讲座讲演集

第三辑

盛　嘉 /主编

厦门大学通识教育中心

厦门大学出版社
XIAMEN UNIVERSITY PRESS
国家一级出版社
全国百佳图书出版单位

图书在版编目(CIP)数据

忧虑与危机:厦门大学人文经典系列讲座讲演集.第三辑/盛嘉主编.
—厦门:厦门大学出版社,2016.5
ISBN 978-7-5615-6059-4

Ⅰ.①忧…　Ⅱ.①盛…　Ⅲ.①社会科学-文集　Ⅳ.①C53

中国版本图书馆 CIP 数据核字(2016)第 105283 号

出 版 人　蒋东明
责任编辑　韩轲轲
装帧设计　张雨秋
责任印制　朱　楷

出版发行　厦门大学出版社
社　　址　厦门市软件园二期望海路 39 号
邮政编码　361008
总 编 办　0592-2182177　0592-2181253(传真)
营销中心　0592-2184458　0592-2181365
网　　址　http://www.xmupress.com
邮　　箱　xmupress@126.com
印　　刷　厦门市万美兴印刷设计有限公司

开本　880mm×1230mm　1/32
印张　6
插页　2
字数　180 千字
印数　1～1 500 册
版次　2016 年 5 月第 1 版
印次　2016 年 5 月第 1 次印刷
定价　35.00 元

本书如有印装质量问题请直接寄承印厂调换

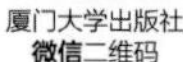
厦门大学出版社
微信二维码

厦门大学出版社
微博二维码

目 录

公共道德沦丧与革命危机

——托克维尔的忧虑

盛　嘉

托克维尔(Alexis de Tocqueville，1805—1858)对当代学术界仍然具有很强吸引力的，不单是他的理论和学说，更是他在政治上深刻的观察力、非凡的预见力和分析能力。从出生到离世，托克维尔一生都处在法国专制与自由激烈较量的时期。社会的动荡和政治压制使他一生不得志，但他强烈的政治参与欲望和渴望创造的热情一直不曾泯灭。他继承了法国贵族那种道德上的原则性和行动中的责任感。纵观世界近代史，能够像托克维尔这样，既写出一部今天仍被人们传颂的历史经典，又能忠实记录一场革命的过程和细节的人，实在是为数不多。①

这个讲座试图通过托克维尔的一次讲演——1848 年 1 月 27 日(法国 1848 革命前)他在法国议院(The Chamber)所发表的讲

① 这里所说的历史经典是托克维尔于 1856 年发表的《旧制度与革命》(*The Old Regime and the French Revolution*)。需要说明的是，在法文中，La Revolution 并没有形容词“大”字。而关于革命的记录是指他写于生前，却在逝世之后出版的《托克维尔回忆录》(*Souvenirs*)以及大量的书信和政论文章等。

演,以及他的书信和一些政论文章,来讨论当时他所关注的法国公共道德沦丧与革命危机的问题。同时,也在一个深微具体的层面上来探讨托克维尔本人的思想和行为特征。①

一

如果把法国革命视为发生在1789年的一个历史事件,那么托克维尔就是一个局外人,因为他在那场事件的16年之后才出生,但如果将法国革命视为一个较长的历史时代,那么他还可以算得上是一位局内人、亲历者和参与人。

虽然经历了1789年的革命,但法国的民主政治并没有走上令人满意的轨道,国家仍处在动荡与混乱之中。作为具有现代政治意识的贵族阶层的后代,托克维尔在如何评判这场革命上是十分纠结的。一方面,他对1789年的革命持有一种崇敬的心情,觉得"法国在其第一次革命的轰雷声中,第一次向全世界提出了后来成为一切现代社会的革新原则的原则。这是法国的光荣,这是法国本身的最宝贵的财富"。② 但在另一方面,托克维尔又觉得,这是一场变了质的革命。它表面上看起来轰轰烈烈,漂亮的口号震耳欲聋,可实际上,它却偏离了革命的最初目标,丧失了它所提倡的原则,使法国陷入了动荡不安的泥潭。为什么革命后法国的命运

① 为了更好地理解这篇讲演的语境,本文还参考了托克维尔当时写的一些书信、后来写的回忆录,以及他的其他著述。

② 托克维尔:《论美国的民主》(*Democracy in American*)(下),董果良译,北京:商务印书馆,2002年,第917页。

一直在专制统治与民主自由之间颠簸？为什么一个追求自由、平等的革命，却导致了专制？为什么一个曾给法国，甚至世界带来希望的革命，却落入了绝望的境地？这些，一直是困扰他的、也是他一直思考着的问题。

面对法国社会令人不安的局面，1847 年 10 月，托克维尔与法国议院里的几位朋友商议，决定要在下一次议院例会中就法国当下的形势提交一个文件。或许是鉴于托克维尔在学术上的威望，写作上的过人之处，以及他对当时法国社会的知悉度，他们委托托克维尔来起草这个文件。[①] 后来，这份文件并没有被提交到议会，托克维尔自己则于 1848 年 1 月 27 日，在议会上做了一次重要的讲演。这篇讲演在很大程度上与托克维尔先前起草的文件有关。托克维尔的这篇讲演第二天就登在了法国的《总汇导报》(*Le Moniteur Universel*)。两年以后，这篇文本又以附录的形式收录于托克维尔再版的《论美国的民主》(*Democracy in America*)。[②] 这篇文献后来又被博蒙(Gustave de Beaumont，1802—1866)收编在《托克维尔全集》。这是法国政治史上一篇饱含激情、坦诚与忧虑的讲演，也是了解法国 1848 年革命历史背景和托克维尔本人经历的一篇重要历史文献。

---

① 1840 年，托克维尔发表他的《论美国的民主》下卷之后，被选为法兰西学院(Academie Francaise)院士。

② Andre Jardin, *Tocqueville, A Biography*, Baltimore, MD: The Johns Hopkins University Press, 1988, pp. 401-402.

二

在这个讲演里,托克维尔向人们揭露了当时法国社会民情腐败和公共道德沦丧的严重势态。他警告当时的法国议会,法国的“公共道德即公共精神正处在危险状态;而且我相信,政府过去和现在仍在大力助长这种危险加剧”。[①] 他认为,这些情况不仅导致了1789年革命成果的变质,而且还将要引发另一场革命。他希望法国的议会要尽快制定和实施一些挽救的措施,避免法国再次陷入一场灾难。

讲演中,托克维尔指出,这种腐败已渗透到了法国社会的各个层面,它不是社会的某一部分、某一个社会阶层的问题,而是社会总体性的问题。他自上而下地具体分析了不同社会阶层腐败堕落的状况。他认为,统治阶层的腐败使其丧失了公信力和对社会的领导力,中间阶层的道德沉沦使革命缺少了关键性的推动力和中坚力量,而下层的道德丧失使革命缺少良性的社会基础。在托克维尔看来,社会腐败的核心是政治上的腐败,而导致政治腐败的主因是统治阶层的道德沦丧。他指出,在法国,已很难见到那种富有激情和奉献精神的领导阶层。公共道德沦丧已经严重地摧毁了法国的统治阶层的公信力和领导力,“我在统治阶级身上看到的是:他们的公共道德变坏了,而且变坏得已经很严重,变得一天不如一天,个人的利益、个人的打算、个人的生活和个人利益的观点,逐渐

① 托克维尔:《论美国的民主》(下),第915页。

取代了社会共同的观点、情感和思想”。[①] 其中,最令他失望的是一些公众政治人物的腐败堕落:“当我看到今天的公众人物,为了其卑微的眼前利益而出卖在我看来与原则一样严肃而神圣的东西时,我真是有说不出的憎恶。”[②]

托克维尔发表这篇讲演之时,法国正处在七月王朝(The July Monarch)统治的最后阶段。托克维尔对这个王朝是极度失望,甚至鄙视的。因为在这个王朝的统治之下,法国社会出现了无所不在的卑劣行为和全方位的腐败。特别是那些握有权力的上层政治人物,他们本应以国家的利益为重,为广大民众服务,但他们却为了自己的利益和手中的权力而营私舞弊,为自己、子女、妻室、父母和私密小团体谋利益,丧失了最基本的道德原则。对此,托克维尔愤怒地写道,“今天的社会被拙劣的阴谋所支配,卑鄙的江湖骗子在利用社会,几乎无处不在的卑劣行径大行其道……在这个社会中,无私精神惊人地匮乏,甚至更为宏大的个人利益也很缺乏。……难道从来就没有一个浸润着伟大激情——我根本不是说美德、由可悲的旦夕之间的利益之外的其他动机所引导的政治世界么?”[③]

在托克维尔的眼里,“统治者应是那些拥有‘伟大激情’的人物,政治事务的支配者是有远见、讲原则的人士,而不是那些仅仅

---

① 托克维尔:《论美国的民主》(下),第 915 页。

② 托克维尔的书信的一部分已被译成中文,参见《政治与友谊:托克维尔书信集》,黄艳红译,崇明校,上海:三联书店,2010 年,第 87 页。该书以下简称为《书信集》。

③ 托克维尔:《书信集》,第 77 页。

追求‘可悲的旦夕之间的利益’的人”,[①]“最合理的政府不是‘所有’当事人都参与的政府,而是由社会中最开明的,最有道德的阶层领导的政府”。[②] 而七月王朝的统治阶层与这些相差甚远。衰败的法国七月王朝政府就像是一家商号或贸易公司,每个人都忙着为己谋利,几乎所有的关系都变成了利益关系。这导致了“政治问题已经成为财政问题的附属品,变成了一个孕育无所不在的卑微琐屑风气的生意场”。[③] 托克维尔写道,“我很清楚,在任何时代,在任何国家,一个政府都从未受到过类似的引诱;没有一个政权掌握过这么多的腐化堕落手段,遇到过紧密勾结得和贪得无厌得可以极其容易以腐化堕落来影响政权的意图的政客阶级”。[④] 这些都令他极度失望,觉得法国上层的“政治世界就是一个肮脏的竞技场”。[⑤]

作为当时法国议会的议员,托克维尔得以从内部观察法国的议会。议会本应该是反映民情、议政和参政之处,可是托克维尔所看到的议会,此时已经是议员们以各种手段谋私利、沽名钓誉、结党营私、玩弄权术的名利场。托克维尔向人们揭露,那些身居议会要职的议员们,着眼于一己私利,缺少公益精神,根本不配,也不能成为领导阶层。这些政客们为了自己的权力和利益,不惜抛弃政治信仰。换言之,他们“并不是在运用政治原则,而是把政治看作

---

① 托克维尔:《书信集》,第 77 页。

② 托克维尔:《书信集》,第 26 页。

③ 托克维尔:《书信集》,第 96～97 页。

④ 托克维尔:《论美国的民主》(下),第 921 页。

⑤ 托克维尔:《书信集》,第 45 页。

增强个人或物质私利的一种投资”。[1]

议会的腐败还表现在议员的选举上。根据托克维尔的观察，几乎所有议员的产生都不是出于公众利益的考虑。他们要么出于私人利益和裙带关系，要么就是出于纯粹的地方利益，再就是出于纯粹的个人利益。[2] 这样的选举是无法选出有原则和社会责任心的议员的。对此，他曾极为失望地写道，“在法国，我这个时候见到的所有政党领导人，在我看来都几乎不适合做领导人；他们不是在性格上有缺陷就是没有真正学识，而大部分是德行不佳”。[3]

在长达 12 年的从政生涯中，托克维尔一直“生活在党派和他们所掀起的漩涡之中”。他对此是极其厌烦和憎恶的。这让托克维尔处于一种郁闷和孤立的状态。他在给当时的法国政治家卢瓦耶-科拉尔（Pierre-Paul Royer-Collar，1763—1845）的信里透露，他“一人虽身处人丛之中，思想却像荒岛上的居民一般孤独”。[4] 他一直有一种脱离这种恶劣政治环境的愿望，“十年来我们一直生活在庸俗可悲的派系氛围中，只有当自己觉得超脱了这种氛围时，我才能畅快地呼吸”。[5] 在这个让人郁闷，甚至窒息的社会，只要一有机会，托克维尔就走出法国，去意大利、美国、英国和非洲，考察那里的宪政，观察那里的民情，远离法国当时肮脏的政治环境。

---

① 托克维尔：《书信集》，第 23 页。

② 托克维尔：《论美国的民主》（下），第 915 页。

③ 托克维尔：《托克维尔回忆录》，董果良译，北京：商务印书馆，2004 年，第 118 页。该书以下简称《回忆录》。

④ 托克维尔：《书信集》，第 103 页。

⑤ 托克维尔：《书信集》，第 139 页。

这种超越党派之争的状态,使得托克维尔常能对法国的政治势态有冷静和独到的观察。

更令托克维尔焦虑的是,这些议员们沉湎于无休止的党争,唯利是图,却对法国面临的严峻社会问题和潜伏的严重危机置若罔闻。对此,他写道,"尽管垮台近在眼前,可是没有一个人把我讲的危机真正放在心上。所有的政治家长年演出的这种国会喜剧养成的以过分夸张的形式表达感情和夸夸其谈的积习,使他们都不能判断现实和真理了"。①

本来对革命命运应有所担当的中产阶级,他们的状况同样令人担忧,其表现则更令人失望。对此,托克维尔指出,"已经实行了17年的行政体制总是诉诸中产阶层成员的个人贪欲,它以此严重败坏了中产阶级,以至对于国家的其余阶层来说,这个阶层正在逐步变成一个渺小的腐败而庸俗的贵族阶层"。② 在托克维尔的眼中,他们已无法胜任革命的重任。不仅如此,中产阶级还奉行脱离公共事务,注重私己物质福利的伦理道德观,为此甚至不惜牺牲激情和政治原则。在1848年革命爆发前夕,法国只有24万人具有投票资格,他们只占全国成人男子人口的不足百分之三。③ 可见,当时参与政治投票的人占总人口的比例是很小的。

托克维尔认为,中产阶级之所以沦为这种状况,统治阶层要负主要责任。对此,他分析道,"这场革命总体性的、真实的原因在于

---

① 托克维尔:《回忆录》,第41页。

② 托克维尔:《书信集》,第137页。

③ Hugh Brogan, *Alexis de Tocqueville, A Life*, New Haven: Yale University Press, 2006, p. 409.

抑制可憎的观念，在整个王朝期间它都一直是政府的动力所在，这就是欺骗、卑劣和腐败的思想，它煽动并败坏了中产阶级，使它完全丧失了政治见解力，而提供给它的则是一种利己主义，这种利己主义是如此愚蠢，以致中产阶级到最后完全与产生它的人民分离了，它让人们任由别人去指引，而所有这些人都以帮助被抛弃的人民为借口，把那些错误的思想装进人民的头脑。革命普遍而深刻的原因就在这里，剩下的只是偶然事件”。[①] 法国革命的历史经验说明，仅凭下层民众造反，而没有中产阶级担当的革命是很难成功的。

令托克维尔担忧的不只是上层统治阶层的腐败和中产阶级的颓废不振，当他把视线转向社会底层时，他看到了社会普遍的冷漠，尤其是对政治的冷漠，民众对“所有能扰动社会的观念的漠不关心，每个人都越来越关心个人利益”，[②]“许多高尚的灵魂正在这些冷漠中丧失力量”。[③] 这是法国当时社会民情堕落的重要标志之一。与上层社会的那种“人们毫无生气，无能为力、死水一潭，无聊至极”相比，下层社会呈现的是“民风的逐渐软弱，精神的堕落”，人们普遍关心的只是“物质享乐和卑微的满足感”，到处呈现的是人的心态的褊狭和行为的庸俗。对此，他哀叹，生活在法国社会的人，“对一切都意念不坚，对一切都没有爱，没有恨，人们看不到希望，唯一指望的就是尽快在证券交易所赚钱”。[④] 在给一位朋友的

① 托克维尔:《书信集》,第 153 页。

② 托克维尔:《书信集》,第 23 页。

③ 托克维尔:《书信集》,第 46 页。

④ 托克维尔:《书信集》,第 292 页。

信中,托克维尔指出,追逐财富其实是一种全社会的现象,“几乎无人不拼命地赚钱。不惜一切代价发财致富的欲望、对商业的嗜好、对物质利益和享受的追求,便成为最普遍的情感。这个情感轻而易举地渗透到所有的阶级之中,甚至深入到一向与此无缘的阶级中,如果不加以阻止,它很快便会使整个民族萎靡堕落”。①

一方面,这种极端的利己主义导致了社会的极度癫狂,它使“法国正变得‘贪婪而轻浮’,人人都在忙着挣钱,要么就是惦记着如何‘疯狂’花钱”。② 金钱已成为区分贵贱尊卑的重要标志。另一方面,又使这个国家患了一种“毁灭的奇怪的‘中风麻痹症’”③,民众已丧失了参与政治的愿望和激情。他们孤立而无权,对政治既无兴趣,也无法参与其中,更谈不上获得任何起码的实践经验,公民感必然荡然无存。托克维尔认为,这些处于癫狂与麻木状态,缺少公共责任的愚氓大众是法国革命变质,导致专制复辟并得以残喘的社会基础。

托克维尔进一步指出,统治阶层的专制、中产阶级的萎靡和下层社会的冷漠与麻木所导致的社会总体性的腐败,使法国缺乏激情。他说,“我们今天最少见的东西就是激情,那种真正可靠的、调节并引导生活的激情。我们不再知道希望、热爱、仇恨”④。不仅如此,更令人担忧的是,人们“对政治事务的关心是如此之少”,甚至托克维尔感觉到,他自己也处在“几乎使我自己没有可能谈论政

---

① 托克维尔:《书信集》,第 23 页。

② 托克维尔:《书信集》,第 23 页。

③ 托克维尔:《书信集》,第 40 页。

④ 托克维尔:《书信集》,第 108 页。

治”的状态之中。[1]

在托克维尔的眼里，公共道德腐败是一种严重的社会疾病。法国已是百病缠身，“这是一种必须不惜一切代价去医治的疾病，而且如果我们稍有疏忽……它必然要夺去我们的一切”。[2] 这将可能导致社会面临崩溃。他指出，法国社会的这种整体性的民情腐败与公共道德沦丧将使法国不可避免地陷入又一场新的灾难。他警告当时在座的那些议员们，“我们处于一个最特殊的境地，从来未有哪个伟大的民族像这样突然陷入其中。我们目睹了巨大的不幸，并被巨大的危险包围着”。[3]

为此，他警告法国议会，“我看到世风日下，担心它在很短时期内，很可能就是在最近，把你们带入新的革命”。[4]“我现在告诉你们，这个弊端早晚要导致革命，我不知道它怎样引起革命，也不知道什么它将从哪方面导致革命，但我知道它早晚要在我国导致最严重的革命。请大家相信这一点吧！”[5]

托克维尔不仅揭露了民情腐败和公共道德沦丧的各种现象，预见了一种令人不安的危机的到来，他还试图探究并分析导致这

① 托克维尔：《书信集》，第100～101页。

② 托克维尔：《论美国的民主》（下），第914页。

③ 托克维尔：《书信集》，第153页。

④ 托克维尔：《论美国的民主》（下），第925页。

⑤ 托克维尔：《论美国的民主》（下），第924页。

些乱象的深层原因。作为政治家的学者,这是他一贯的学术风格。在他看来,导致1789年革命变质的关键原因在于法国人失去了革命所提倡的自由精神。而随着自由精神的丧失,自由政治空间也随之萎缩,以致完全消失。对此,他写道,“有一件事值得注意,那就是,在为革命做准备的所有思想感情中,严格意义上的公共自由的思想与爱好是最后一个出现,也是第一个消失的”①。自由思想的丧失,为专制主义的卷土重来铺平了道路;社会自由空间的消失,使人们不愿意也无法参与政治。

这是七月王朝统治下的一个恶果,因为它不允许人们讨论政治话题,不允许人们对敏感和迫切的社会问题进行辩论,不允许人们有任何形式的政治集会,不允许人们对政府的过失与腐败有任何批评。专制政权的可怕之处在于,它能够毫无忌讳地侵害人们的自由,剥夺民众处理自己事务的权利与能力,将权力集中在极少数人的手里。乍看起来,在一个专制制度下,民众或许能获得安全和稳定的生活,他们的福利有人照看,但是,托克维尔注意到,处在这种状态下的民众往往不懂得什么是自由,或者他们甚至都没有想到要去争取自由。政府也不让他们为国家的命运和公共事务劳神费心、批评监督,只要安心被统治就好了。久而久之,德性在他们的生活和心灵中慢慢枯萎,逐渐消失,社会到处都是普遍的愚昧和奴性。

---

① Alexis de Tocqueville, *Le Ancien Regime et La Revolution*, Paris: Gallimard, 1967. 中译本见冯棠译,桂裕芳、张芝联校:《旧制度与大革命》,北京:商务印书馆,1996年,第193页。

因为这样的制度，公众对政治失去信念和参与的兴趣，觉得"政治生活无非是一场人人都在追逐胜利的游戏"，这些游戏变得与他们无关。① 对此，托克维尔指出，"专制制度从本质上却支持和助长这种感情。这些使人消沉的感情对专制制度大有裨益；它使人们的思想从公共事务上移开。……若无专制制度，这类感情或许也会变得强烈；有了专制制度，它们便占据了统治地位"。②

专制制度还使人与人之间的关系变得冷漠，甚至无情。托克维尔分析道，这是"因为专制制度夺走了公民身上一切共同的感情，一切相互的需要，一切和睦相处的必要，一切共同行动的机会；专制制度用一堵墙把人们禁闭在私人生活中。人们原先就倾向于自顾自，专制制度现在使他们彼此孤立；人们原先就彼此凛若秋霜，专制制度现在将他们结冻成冰"。③

追究起来，国家之所以陷入一种普遍的冷漠之中，托克维尔认为，集权者和统治阶层要负主要责任。因为这些人将政治视为牟利的手段，把权力的维护视为最高目的。他们对民众的疾苦视而不见，对民众的诉求听而不闻。这些都导致了民众对政治失望，让他们觉得，"政治领袖们只是些演员，他们甚至连戏剧的成功都不关心，只在意他们个人角色的成功，为这样的人物、为这样的演出而投入感情是受愚弄，简直是一种愚蠢和耻辱"。④ 在这种情景中，"道德没有对生活中的主要行为发生支配作用，没有进入生活

① 托克维尔：《书信集》，第 132 页。

② 托克维尔：《旧制度与大革命》，第 35 页。

③ 托克维尔：《旧制度与大革命》，第 35 页。

④ 托克维尔：《书信集》，第 132 页。

的细节中;这是因为在公共生活中,利益取代了大公无私的情感,利益成了私人生活中的守则”。①

专制的权力导致了社会腐败,反过来,腐败又使政府的权力无限扩大。对此,他在讲演中批评当时的法国社会,“在任何时代,在任何国家,一个政府都从未受到过类似的引诱;没有一个政权掌握过这么多的腐化堕落手段”。② 此外,极权专制还通过暴力实施各种压制手段,消除各种反对政府的势力。1789 年之后的法国历史显示,这样的政府“通常不是由于无能,就是由于暴政而垮台”。③如果是二者的结合,无疑会加速一个政府的崩溃。

为了维系统治,极权专制还对民众采取了物质上的控制和精神上的暴力镇压等手段,让人们长期生活在缺少安全感的恐惧之中。对此,托克维尔指出,“在专制国家,人们的命运没有保障,官员的命运并不比私人的命运有保障。君主掌握着他所雇用的人们的生命财产,有时还有他们的荣誉”,④“路易·菲利普(Louis-Philippe, 1773—1850)时代那个伤风败俗的政府导致了人们灵魂的软弱”。⑤ 而专制制度所实行的精神暴力主要表现在对舆论的控制和对言论自由的压制。这种做法导致了社会对腐败的漠视和容忍,由此加剧了社会的腐败。那些臭名远扬的丑闻、重大的罪行、不法行为,只有到了掩盖不住时才原形毕露,到了被起诉时才

① 托克维尔:《论美国的民主》(下),第 916 页。

② 托克维尔:《论美国的民主》(下),第 921 页。

③ 托克维尔:《论美国的民主》(上),第 298 页。

④ 托克维尔:《论美国的民主》(上),第 233 页。

⑤ 托克维尔:《书信集》,第 215 页。

昭然天下。即便如此，许多重要的细节仍不为人所知。① 托克维尔注意到，在这种制度下生活的人，“人人都感觉到有些事情不大对劲，但谁也没有必要的勇气和毅力去加以纠正”。

愚昧历来都是专制制度得以生存的土壤。令托克维尔极为失望的是，专制王权的复辟常伴随着一群愚民大众。一个社会公民教育的缺失是产生愚昧大众的原因。他指出，“有些国家的初等教育很差，人民的性格是狂躁、无知和对一切事物的错误认识的大杂烩，以致自己找不到不幸的根源，被其不了解的灾难压倒”。② 托克维尔一生都在反抗专制制度。他视这一制度为政治自由的危险敌人，而政治自由不仅是公民精神产生的前提条件，而且是一切自由的基础和保证。而一个社会的道德激情和公共德性往往是在一个以政治自由为核心的公民政治的氛围中才会实现的。

为了使法国摆脱极权专制的泥潭，托克维尔提出了一些方案，其中，改造民情是建构民主制度的关键。这是因为，他认为，社会道德的沦丧和极权专制败坏了法国的民情，而教育是一条关键的救赎之道。③ 在托克维尔看来，没有教育，自由、公共安宁和社会稳定都不能长久。“当一个国家达到这样地步的时候，它就得改造自己的法律和民情，否则就将灭亡，因为它的公共道德源泉已经枯竭，它虽然尚有百姓，但已无公民”④，“如果我们不逐渐采用并最后建立民主制度，不向全体公民灌输那些使他们首先懂得自由和

① 托克维尔：《论美国的民主》(下)，第 916 页

② 托克维尔：《论美国的民主》(上)，第 257 页。

③ 托克维尔：《书信集》，第 268 页。

④ 托克维尔：《论美国的民主》(上)，第 104 页。

随后享用自由的思想和感情，那么，不论是有产者还是贵族，不论是穷人还是富人，谁都不能独立自由，而暴政则将统治所有的人。我还可以预见，如果我们不及时建立绝大多数的和平统治，我们迟早要陷于独夫的无限淫威之下”。①

作为众议会的议员，托克维尔曾有自己的一套改革计划。这一计划试图将政治权力、社会物资、教育和精神福利扩展到所有阶层，其中包括，为贫困阶层提供免费教育、废除法国殖民地的奴隶制、改革监狱制度、有序并逐步扩大选举权、为贫困阶层提供免费的司法服务、建立工人银行和互助会、鼓励拥有独立产权的农场发展以遏止快速的城市化所带来的贫富差距扩大、有限的福利计划，以及加快地方政府的民主化进程等。② 由于反对派的阻挠和专制制度的降临，他无法实施这些方案，但后来随着法国社会的发展，许多地方都实施了与托克维尔当年提出的类似的政策。

除了民情的培养和一些具体的改革方案之外，作为律师的托克维尔还提倡，要培养一种对法律的尊重的心态和行为。而这种心态常常是不可能通过革命来形成的。“长期的动荡是非常有害的，对法律的尊重只能在法律的稳定中产生。”③

那么，重建法国社会道德关键在哪里？托克维尔认为，作为“首要的善”的自由是坚毅的德性的基础。“只有自由才能在这类

---

① 托克维尔：《论美国的民主》(上)，第 367 页。

② Hugh Brogan, *Alexis de Tocqueville, A Life*, New Haven: Yale University Press, 2006, pp. 416-417.

③ 托克维尔：《书信集》，第 72 页。

社会中与社会的种种弊病进行斗争。”①一个缺少自由的国家，要想恢复良好的公共道德困难重重，但托克维尔一直都没有放弃在法国实现这一愿望。在生命的最后一刻，他还给好友博蒙写信，讨论这个问题，“要想在那些失去自由之实践，甚至不明白自由正确观念的民族当中牢固地确立自由，这多么困难！当思想和风俗不能为制度提供滋养时，制度将是多么无力！我总认为，把法国改造成为一个自由的民族，这是我们尽我们微薄之力为之终生奋斗的事业……我认为这个事业是美好和冒险的”。②

在他生命的晚期，托克维尔写道，“我从未像今天这样如此深刻地相信，只有自由能给予普遍的人类社会以及组成这些社会的个人，以人类所能达到的完全的繁荣与伟大。我的这一信念每天都在深化：我在生活中的观察、历史记忆、当代的事件、外国、我们自己的国家，所有这些都促使我们年轻时的观念具有绝对信念的特征。自由是必需的，没有它就绝不会有真正伟大刚强的民族”③，“我已经明白，即使一场伟大的革命能在一个国家建立起自由，而其后在这个国家发生的一些革命，也未必能长期保持一切正常的自由”④。到了晚年，一生都行走在被革命灼烧的土地上的托克维尔感慨地写道，“法国的任何一次革命，都未能建立起正规而巩固的自由。一切旧的权力，正在革命所造成的废墟上恢复起来，

① 托克维尔：《旧制度与大革命》，第 36 页。

② 托克维尔：《书信集》，第 284 页。

③ 托克维尔：《书信集》，第 283 页。

④ 托克维尔：《回忆录》，第 97 页。

但不是以它们被打倒时的形式,而是以与其非常相似的形式恢复的”①。

1789 年革命之后法国坎坷动荡的 70 年的历史说明,能否为一个社会带来长治久安的民主与自由,是一场革命成功与否的重要标志。正是在这方面,法国革命给人类提供了一些重要而深刻的历史教训与经验。这些对于当今一个国家如何解决其所面临的严峻的社会问题和社会转型仍具有重要意义。

四

一个正直和有原则的人,在专制制度下的腐败社会,面对事实的真相,往往是痛苦和焦虑的。托克维尔批评法国当时公共道德沦丧,揭露各种腐败的现象,并指出迫在眉睫的社会危机,并非是为了哗众取宠。他这样做,是对道德原则的坚守,是一种责任感的表现,是一种义不容辞的“政治行为”。他曾在给一位朋友的信中写道,“我一直都把‘行动的一生’置于最高的地位”。在动荡浑浊的 19 世纪的法国,托克维尔的道德品质、勇气和智慧使他在当时能够独树一帜、冷静孤傲。他思想品行的形成有一个漫长的过程,来自多重的背景。

托克维尔对道德品质的注重,可以回溯到他生命早期受到阿拜·勒叙厄尔神父(Abbe Louis Le Sueur,1751—1831)的影响。作为他的家庭教师,勒叙厄尔向年轻的托克维尔灌输了基督教原

① 托克维尔:《回忆录》,第 289 页。

罪的思想。这种思想使托克维尔相信，道德品质决定一个人的举止行为，也决定一个社会的民情。① 在后来的政治生涯中，托克维尔始终注重个人的道德品质，并坚持认为良好的道德品质是一个自由文明的社会的基础。

托克维尔还继承了贵族家庭对法国的特殊感情和富有牺牲精神的责任感。直到生命的晚年，他都还记得他的祖母所讲的话："我的孩子，永远不要忘记，一个男人首先对祖国负有责任；没有什么东西他是不可以做好准备为祖国而牺牲的；他不能对祖国的命运无动于衷，上帝要求他时刻准备在必要时为国家、为国王奉献他的财产，甚至生命。"②纵观托克维尔的一生，他一直为法国贵族阶层的两种可贵品质感到骄傲：一是贵族的道德原则，二是他们对创造性的渴望。这就是托克维尔对腐败低俗的事务极为鄙视的原因之一。他在 1848 年革命爆发前夕的行为，正是这两种品质使他做到的对自我道德品位的坚守，对社会公共道德的维护，以及对社会的领导力的担当。

在法国议院等公开场合，托克维尔敢于大胆揭露法国社会的时弊，就表现出了一种贵族式的政治冒险与担当。这是因为他相信，"每个人都应该向社会交代他的思想，就像为之付出体力一样"。③他在心中呼喊，"愿天意给我一个机会运用我内心的火焰来

---

① Andre Jardin, *Tocqueville, A Biography*, Baltimore, MD: The Johns Hopkins University Press, 1988, pp. 56-59.

② 托克维尔:《书信集》，第 261 页。

③ 托克维尔:《书信集》，第 45 页。

做善良而高尚的事,不管上帝在其中设置了多少危险”。[1] 托克维尔对路易·菲利普和路易·拿破仑(Charles Louis Napoleon Bonaparte, 1808—1873)两届专制政权的蔑视和反对,表现出了贵族阶层的洁傲品质、道德勇气和行动原则。

随着法国革命的跌宕起伏,贵族阶层逐渐退出了历史舞台,但托克维尔身上依然传承了贵族阶层那令人尊敬的精神品质。他对贵族阶层的传统与文化有着深深的依恋,特别向往贵族阶层坚持自由的原则时所表现出来的那种道德品质和激情。对此他曾自豪地宣称,“我坚信自己的灵魂比大多数人高尚”。路易·拿破仑称帝之后,他曾有意在政府里给托克维尔提供一个官职,但托克维尔不愿为一个篡权的独裁者效忠,不愿与一个腐败的政权同流合污。所以,尽管托克维尔渴望通过政治行动来为国效劳,并成就个人的英雄业绩,但在最后,他还是决定远离那个龌龊的政府,回到了自己的书斋。

历史常常是托克维尔政治智慧的宝贵资源。他的历史洞见和感知力是他政治分析力的基础。作为一位历史学家,托克维尔对古罗马帝国衰亡的历史经验倾心关注。对他来讲,古代世界一直是一个伟大的奇妙世界。[2] 以史为鉴是他政治的一个特征。他指出,在古罗马帝国的后期,“社会风气颓废,传统中断,习惯腐败,意志动摇,自由为法律破坏而无容身之地,公民不受保护和不能自

① 托克维尔:《书信集》,第 66 页。
② 托克维尔:《书信集》,第 83 页。

保，人性被人玩弄，君主不再开恩而强迫臣民逆来顺受”，[①]这些最终导致了一个庞大帝国的崩溃。罗马帝国的衰亡其实是德行丧失的结果。

注重公共道德还与托克维尔对自由的认知与追求密切相关。他坚信，自由是一个社会首要的善，自由应是人类社会所追求的永远目标。一个缺少或没有自由的社会，公共道德的沦丧是不可避免的。在总结法国革命变质的原因时，托克维尔指出，社会政治自由空间的消失，是最令人失望的，也是导致革命失败的主要原因。托克维尔认为，一个社会一旦失去了道德，自由就不能取胜。在这一点上，他与罗马帝国时期的政治家西塞罗（Marcus Tullius Cicero，106BCE—43BCE）倒有些类似之处。西塞罗也极为关注罗马帝国社会的德性与自由的关系，他曾指出，德性是实现自由的先决条件。

托克维尔在议会的表现还与他的政治独立性和超然的立场有关。在议会讲演的前几年，托克维尔在给卢耶卡—科拉尔的信中写道，“若要我长期依附于我们时代的任何一位政治人物，我会感到一种几乎难以遏制的厌恶，在导致国家分裂的各个党派中，我看不到一个可以与之建立联系的党派”。[②] 从托克维尔的讲演，特别是他的语言修辞中，人们可以感受到他的这种超越党派的立场。他没有像有些平庸的政客那样，在“贫乏的陈词滥调中喘息”。[③]

---

① 托克维尔：《论美国的民主》（上），第 365 页。

② 托克维尔：《书信集》，第 110～111 页。

③ 托克维尔：《书信集》，第 262 页。

他没有采用当时任何党派所惯用的各种政治标签、空洞的概念和恐吓的口号,而是用一种独具自己风格的、几近悲怆的、诚恳的平实语言,试图去打动还有良知的政治人物的灵魂。

不可否认,托克维尔对权力和行动有着一种不可遏制的本能渴望,但他并没有因此失去他的价值原则。用他自己的话来说,"我的天性是喜欢行动的,而且应该承认,是雄心勃勃的。我喜欢权力,如果它能体面地获得和保持的话。然而有个顾虑一直使我强烈地克制自己,很明显,任何与现今的政治人物或党派的深入而密切的接触,都会很快使接触者失去部分尊严——而尊严是所有价值中首要的价值"。[①] 这种超然的政治立场,在当时的议会是要被孤立,并付出代价的。这也是他无法在当时的政治圈子里功成名就的一个原因。

作为一个政治人物,特别是他的法国议员的身份,让托克维尔觉得,他有责任在法国提倡民主,以民主自由的方式去纯洁民情。他的一个基本信念就是,政治必须以道德为基础。缺少道德的政治必为劣政。在这个意义上,托克维尔还是一个 19 世纪典型的道德主义者(Moralist)。

除了内部的观察和感受之外,托克维尔还具有一个特殊的外部视野。在 1848 年之前,即他在议会发表这篇演讲之前,他曾先后考察了美国和英国,对那里的历史传统、社会环境和政治文化有许多细致独到的观察和判断。这种越境的经历对他的洞察力、判断力和分析力有着重要影响。值得注意的是,他在美国看到,民情

① 托克维尔:《书信集》,第 111 页。

是美国民主共和制度得以维护的决定性因素。[①] 这对他后来观察和分析法国社会有着很大的启示和参照作用。

人们阅读托克维尔的文字，常常不免会对他卓越的历史洞见和感知力、深刻的政治观察和分析力以及独特的修辞风格油然起敬，但在他的内心深处，始终持有一种对人类事务的不确定性的认知，以及对历史的命运的一种敬畏态度。在给友人的一封信里，托克维尔流露出了这种心态，“我们身处一个咆哮的，但没有海岸的海洋；至少，这个海岸是如此遥远、如此陌生，以致我今生乃至我们的下一代都无法找到它，无法在那里立足”。[②] 这恐怕就是托克维尔的迷人之处！

---

① 托克维尔：《论美国的民主》(上)，第 332 页。

② 托克维尔：《书信集》，第 159～160 页。

马基雅维利的《君主论》

——西方的厚黑学

王芝芝

一、《君主论》(*The Prince*)的历史地位

自从文艺复兴时代人文主义者提出经由研读经典著作培育人文素养(humanista)的教育理念以来,经典阅读就成为西方社会精英必要的课程。马基雅维利(Niccolò Machiavelli,1469—1527)的《君主论》这本意大利文艺复兴时代的政治学经典著作,在西方经典教育中占着极为重要的地位,与《圣经》、《资本论》等书并列成为世界上最具影响力、最畅销的十大名著之一;也是西方近代政治学的精髓,统治者必读的经典。它既是英国清教徒革命时惨遭枭首的查理一世爱不释手的读本;也是查理一世敌手克伦威尔珍藏的手稿抄本。法王亨利四世(King Henry Ⅳ)遭刺杀时,贴身带的竟然是一部染血的《君主论》;普鲁士弗雷德里克大公(Frederick Ⅱ of Prussia)把它作为自己决策的依据;它是法王路易十四的枕边读物;拿破仑在滑铁卢战场上,随身携带写满批注的《君主论》;墨索里尼的博士论文讨论的正是这本为政者指南;希特勒说自己在

《君主论》汲取力量。当今西方著名的外交政略家吉辛吉(Henry Kissinger)对《君主论》的政治智慧感叹不绝。

尽管《君主论》的历史地位在今人眼中是毋庸置疑的,但是这本十六世纪成书的作品曾历经四百多年的隐晦岁月,除了被天主教教会列为禁书之外,历来的卫道之士无不斥之为传播不道德的无神论的书,直到十九世纪为止,才有意大利国家主义者提出此书乃是主张意大利统一的先声,为马基雅维利平反。其实马基雅维利在《君主论》所讨论的问题,如"政治与道德的关系"、"手段是否可因目的的正大而合理化"、"人性是否为恶"等,并没超出历代的思想家、历史家、政治家所最关心的话题。大家在这些话题上所得的答案,各有专属,但是马氏的答案,在这四百年中始终最为震撼惊悚。因为他说政治应置于道德、宗教之上,又主张"目的可以正当化手段",更悲观地认定"人性是恶的"。他在书中向君主建言,认为君主们应当抛开道德与宗教的牵制,不择手段地掌控权力,维持政权。

反对马氏的人主要是认为马基雅维利提倡霸权之术,传授为目的可以不择手段,违反社会道德与宗教伦理,认定此书对社会有坏影响。例如天主教的枢机主教波利(Cardinale Reginald Pole)很早便说此书出自撒旦之手,指责马基雅维利是个"反基督的恶魔"。莎士比亚戏剧中,常见的"老尼克"(Old Nic,指邪恶、心术不端的人)一词便是这一派的衍生物。反对派中还有一类投机取巧的反对者,一方面义正言辞地指责《君主论》是不道德的邪术,暗地里却是《君主论》政治权谋术的奉行者。例如:普鲁士王腓特烈大帝(Frederick the Great, 1712—1786)在即位前曾写《反马基雅维利》(*Anti-Machiavel*) 声讨《君主论》，掌权后凡事却无不以《君主论》为行事准则，成为启蒙时代著名的专制君王。伏尔泰(Voltaire 1694—1778)说：假若马基雅维利收一个君王做门徒，他的第一堂课必然是“如何痛斥马基雅维利的不仁不义”。这些表里不一的反对者以君王政治家居多，如英王查理一世、拿破仑、希特勒、墨索里尼等比比皆是。于是马基雅维利俨然成了西方十恶不赦的厚黑学始祖，《君主论》成了厚黑学的圣经。直至今日，政坛权谋者、外交战略家、企业经营者之间仍不乏此辈追随者。

二、《君主论》的作者——马基雅维利（Niccolo Machiavelli）

马基雅维利出生在文艺复兴时代意大利的佛罗伦萨城。十六世纪时的佛罗伦萨城是一个具强烈共和传统的城邦。市民关心政治，视参与公众事务为公民责无旁贷的使命。这个城邦自中世纪取得“城市自治特许权状”(Charter)以来，不论政权更迭变化，例如豪门大家族如美第奇家族的专权，佛罗伦萨城市民的自主性始终维持不坠。十五世纪初(1402)，佛罗伦萨城遭到北方米兰暴君围剿，危在旦夕，佛罗伦萨城的政治领导人为号召市民体认时艰，共赴国难，全力建立“市民自主”理论基础。人文学(Humanism)的知识分子如 Salutata、Leonard Bruni 等倡导由希腊罗马古典作家如 Thucydidas、Scipio Africanus'、Cicero(西塞罗)等的经典作品，吸收古代政治智能，以利共和统治。其后，佛罗伦萨城虽然因为米兰公爵骤逝，解除存亡危机，但是，城内已经转化成为研习希

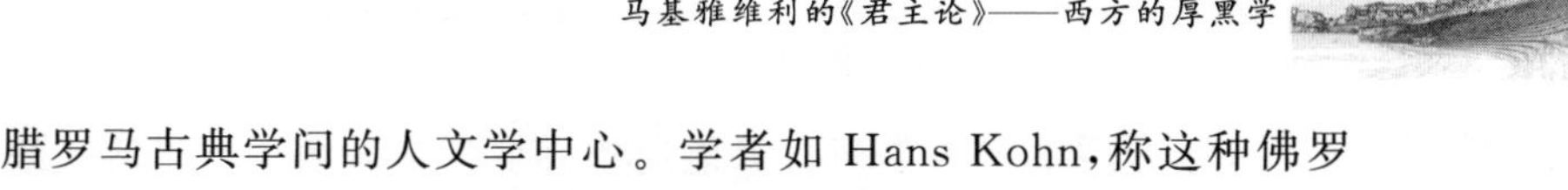

腊罗马古典学问的人文学中心。学者如 Hans Kohn,称这种佛罗伦萨城全民参与、具浓厚共和思想的人文学研究为“市民人文主义”(Civic Humanism)。由于公民对政治的关心,再加上佛罗伦萨社会是个商业社会,趋向于物质之讲求,既现实又富于野心与竞争心,因此,建立起了非常有利于政治思想成长的环境。

马基雅维利成长在市民人文主义浓郁的佛罗伦萨城,自幼研读希腊罗马古典作品,受过很好的人文学训练;同时,热心公共事务,也是一位具实际政治经验的政治思想家,他曾说:“我生来就是要从政的。”他在 1498—1512 年担任“佛罗伦萨共和国”(the Republic of Florence)的第二总理署(the Second Chancery)首席秘书。他的职务繁重,除处理佛罗伦萨城内政事务外,还任职于掌管军事与外交的“十人委员会”。他熟悉各国政治情况,曾多次衔命参与佛罗伦萨使节团,前往教宗国、日耳曼等地处理繁杂的外交事务,因而有机会亲临各国政坛,得以仔细观察政治领袖们的权力运作,对于他们的作为有更深入的理解,对他们的从政风格有一定的认识。他在短短的四年间,从行政、军事、外交上获得许多宝贵的实务经验,造就了日后他在政治学上的基础。

马基雅维利风光的从政生涯结束在 1512 年。这一年,美第奇家族出身的罗马教宗李奥十世在入侵意大利的法王十二世支持下,协助 1498 年被佛罗伦萨人驱逐的美第奇家族,重返佛罗伦萨城,建立君王统治。佛罗伦萨共和国被美第奇家族推翻后,马基雅维利离职,又因涉嫌参与一项莫须有的反叛活动遭囚禁,获释后被放逐,从而移居城外父亲遗留的小屋,过着闲云野鹤的生活,他的著作大部分在这段暗淡清苦日子中完成。时当壮年的马基雅维利唯一不能承受的痛苦是每日只能遥望佛罗伦萨城缅怀当年活跃政治舞台的风光。对政治无法忘怀的他,终于通过友人维多利(Vettori)得知美第奇家的劳伦佐与吉林诺(Giuliano)极有招纳贤才之意,乃于1513年向美第奇统治者献《君主论》一书,寻取任用。但是,他并未获美第奇统治者的重视,只取得几份闲差事,落得空惆怅。晚年又受美第奇教宗利奥十世(Leo X)之命,撰写《佛罗伦萨史》。书成之日,正是美第奇家族再度出亡之时,佛罗伦萨城重建共和。马基雅维利又因他和美第奇家族的政治关系,遭共和派朋友质疑,以致不能见用于新共和政府,最后郁郁而逝。但是他献给美第奇家族的小册子《君主论》已成为政治家必读的经典。

三、马基雅维利的《君主论》

《君主论》完成于1513年,其后除稍加修饰以外,仅于1516年吉林诺·美第奇(Giuliano Medici)死后,将献词上的名字改为劳伦佐而已。在1523年非法私自出版以前,手抄本四处流传,1523年还曾被尼佛(Augustine Nifo)以节本形式盗印,名之曰:《治术》(*De Regnandi Peritia*)。其原稿之印行,最早是在罗马,由安东尼·奥伯拉度(Antonio Blado)主其事,教宗克利蒙七世(Pope Clement Ⅶ)在1531年8月23日,给伯拉度(Blado)的信中,曾将马氏著作之出版权授给他。其后佛罗伦萨亦于1532年出版,这是由伯那杜·吉乌塔(Bernardo di Giunta)主持的,人称吉乌塔(Giunta)本,其中包括《卡斯特罗奇奥传》(The Life of Castruccio Castracani)与《范伦铁诺公爵》(Duke Valentine's Metond of

Killing Vitelozzo Vitelli)两部分。威尼斯(Venice)也于1537年至1554年之间,印行了六种版本。英译本则首见于1640年,是爱德华·打克利斯(Edward Dacres)翻译的。近代英译本很多,亨利·摩莱(Henry Morley)翻译的于1883年与1893年,由洛特—加龙省累基父子公司(George Routledge and Sons)出版;尼尼安·汤姆森(Ninian Hill Thomson)的译本,亦于1897年由克拉兰出版公司(Clarendon Press)出版;另外又有马里奥特(W. K. Marriott)的译本,列于"人人文库"(Everyone's Library)第280号,出版于1908年。

《君主论》是马基雅维利最著名的作品,也是最令他背负恶名及争议的书。此书写于1513年,是年他曾于致友人维多利(Francesco Vettori)书信中说:

> 但丁常说只听不记便不会增长知识,因此我记下所有与他们谈话的心得。(按:马氏于前文谈及自己入夜后便阅读古圣贤书,"他们"指的是古圣贤。)我写了一小册讨论"君王权"的书,尽其所能地深入探讨此课题,讨论君王权的性质、种类、创建、维护、毁灭。如果你对我的那些想法曾感兴趣,那么对这本书你应该不会不喜欢。君王们尤其是新登位的君王也会喜欢的;因此我将呈献给吉林诺陛下(His Magnificient Gialiano,即美第奇公爵)。菲力波·卡萨奇亚(Fippo Casavecchia)曾看过这册书,他可以告诉你一些书的内容,以及我和他的一些讨论,虽然我还在增补修改中。

这些话明白地交代《君主论》一书是作者阅读古圣贤书的心得,配合了个人从政的经验,并经与友人讨论定书的。著书的实际目标,是向当时政坛上叱咤风云的美第奇家族邀宠求恩的。当书尚未献出而吉林诺·美第奇公爵先死时,献词上的名字便改成继任的劳伦佐(Lorenzo Medici)。

历来有关《君主论》著作动机的解释,众说纷纭。有谓它是认真严肃的作品,内中有隐含动机。许多学者认为《君主论》的目标在于借讽刺独裁暴君,以提醒人们防止暴君夺权。有人指出明为向美第奇提供谋国策略,实则借此促其倾覆。持异议的人则谓这些策略目标在于助美第奇公爵完成统一意大利的巨业,《君主论》是廷臣邀宠之作。也有一种解释是马氏借此小册抒发内心感受,并非认真之作。有些人指出马氏《君主论》所写并非其肺腑之言,不过反映其时代的道德和宗教情况。

其实马基雅维利在《君主论》里有一长段献词,阐明其著作的主旨是为了政治实用,全文如下:

> 尼科洛·马基雅维利上洛兰佐·美第奇殿下书
>
> 凡是想要获得君主恩宠的人们,向来都是把自己认为最宝贵的东西或者自以为君主最喜爱的东西作为献礼。因此我们常常看见人们把骏马啊、武器啊、锦绣啊、宝玉啊以及同君主的伟大相称的一类装饰品献给君主们。现在我想向殿下献呈本人对你一片忠诚的证据,我觉得在我所有的东西里面,我认为最宝贵和最有价值的莫过于我对伟大人物事迹的知识了。这是我依靠对现代大事的长期经验和对古代大事不断钻

研而获得的。对于这种知识，我曾经长时期地孜孜不倦地加以思考和检验，现在我把它写成小小的一卷书献给殿下。虽然我自己认为这部著作不值得你垂青，但是考虑到除了使你能够在最短促的时间内了解我多年来历尽困苦艰危所学到的一切之外，我再没有力量献给你更好的礼物了。因此我深信，仰赖你的仁爱，这部著作一定会蒙你嘉纳的。对于这部著作，我没有像许多人在叙述他们的主题并加以润饰时惯常那样使用铿锵的章句、夸张而瑰丽的语言、在外表上炫人耳目的东西或者装饰品。因为我希望我的著作如果不赢得称誉则已，否则只应是由于其内容新颖和主题的重要性而受到欢迎。我想，一个身居卑位的人，敢于探讨和指点君主的政务，不应当被看作僭妄，因为正如那些绘风景画的人们，为了考察山峦和高地的性质便置身于平原，而为了考察平原便高踞山顶一样，同理，深深地认识人民的性质的人应该是君主，而深深地认识君主的性质的人应属于人民。

因此，殿下，请你体谅我敬献这个小小的礼品的心意而接受它吧，如果你认真地考虑和诵读它，你就会从中了解到我的热切的愿望：祈望你达到命运之神和你的其他条件使你有希望达到的伟大地位。同时，如果殿下有朝一日，从你所在的巍巍的顶峰俯瞰这块卑下的地方，你就会察觉我是多无辜地受着命运之神的巨大的不断的恶毒折磨啊！

这篇献词极尽卑微，明明白白就是乞讨权位利益，是标准的“马基雅维利式”的表达，心理学家认为这是一种特殊幽暗负面人格的表达法,因而将这种负面性格称为“马基雅维利人格”。但是马基雅维利在这里也说出了自己对政治的执着,他相信政治才是解决人类社会问题的真谛。

马氏的写作习惯一向不注重整体规划,有些时候,他在行文中提到某些事物将在后来的章节谈,但只要研读他的作品,便清楚他还是依需要随性写作的,并不真有整体规划。加以他喜欢危言耸听,往往夸大地标明问题核心观念,因此在许多地方一再增补添加修改,以突显某一观念,又疏于照顾观念与观念之间的联系,导致全书整体性薄弱。因此,《君主论》应该依从几个核心观念来研读,例如头九章是按照“描述君王国的形成和维系”的脉络进行,而第一章是这部分的简介。第十章以后的部分,较难看出逻辑顺序,例如第二十四章“意大利君王为何失去权力”的后面,应该紧接第二十六章“劝戒意大利摆脱外人”,此两章可以互相对话。因为居两章之间的第二十五章谈论“命运”,是概念讨论,完全与意大利问题无直接关联。又如第十五章,放到第三十二章后可以形成一组讨论“如何使佣兵领袖的基本素质达于尽善”。第十二章其实应该拼入十四章,可以配合着共同处理“国民兵或是佣兵何者较佳”的问题。第十一章“论教会君王国家”是个独立单位,与其他章节没有连续性,其内容时而阿谀时而讥讽,不过行文十分有自制不敢逾越自己“卑微”的身份,但是却在结尾时,禁不住大肆数落了教会君王国的不当处。他当然很清楚自己献书的对象不但和罗马教宗利奥十世之间有亲族关系,而且是依靠教宗,维系权势的,因此,他最末还是赞叹利奥十世以德服人,以善行光大教皇国,绝不是那些用武力谋求政权的教宗们能相比的。

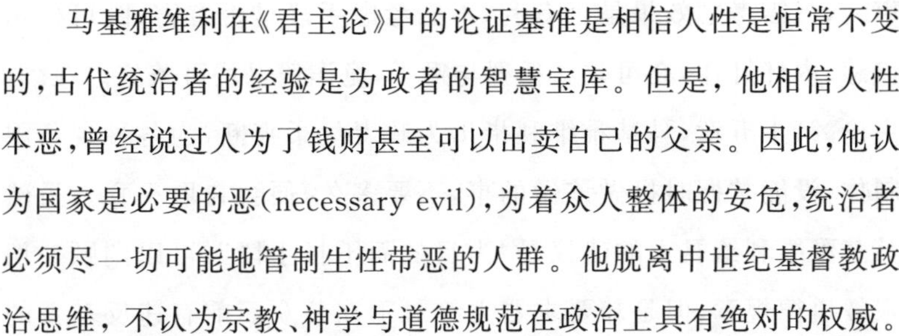

马基雅维利在《君主论》中的论证基准是相信人性是恒常不变的，古代统治者的经验是为政者的智慧宝库。但是，他相信人性本恶，曾经说过人为了钱财甚至可以出卖自己的父亲。因此，他认为国家是必要的恶(necessary evil)，为着众人整体的安危，统治者必须尽一切可能地管制生性带恶的人群。他脱离中世纪基督教政治思维，不认为宗教、神学与道德规范在政治上具有绝对的权威。

马基雅维利认为由历史上成功的政权例证看，统治人民最快速的方式是靠暴力建立淫威，利用人们的“恐惧感”来统治人民。他认为历史证明“具备武力的必获胜利，缺乏武力则惨败”。但是君王也不能只靠暴力，有勇无谋不是好君主，好君主必须兼备狐狸般的狡猾和狮子般的凶狠，缺一不可。马氏认为君王凶残如狮子，人民就会因恐惧而慑服，不敢有叛心。但是残暴如狮子的君王，倘若缺乏狐狸的狡猾，最终难逃人民揭竿起义诛杀“暴君”的命运；另一方面，君王虽狡猾如狐狸，但也要有狮子般的暴力，否则王纲不振，政令不彰，有恃无恐的野心者会群起谋反，终将招致杀身之祸。

他在《君主论》中，对君主提示的治国权谋非常多。他认为一个君主被人惧怕比起被人爱，更为安全些。军队和法律是君主权力的基础，君主应当大权独揽，注重实力，精通军事。君主应当不图虚名，注重实际。残酷与仁慈、吝啬与慷慨，都要从实际出发。明智之君宁蒙吝啬之讥而不求慷慨之誉。为了保持权力的自主性，君主绝不可轻信任何人，不可对别人吐露真心，不可以指望别人对你诚实，更不可把命运系于别人身上。君主要经得起孤独的煎熬，最危险莫过于意气相投的人。君主不应受任何道德准则的束缚,只需考虑效果是否有利,不必考虑手段是否有害,既可外示仁慈、内怀奸诈,亦可效法狐狸与狮子,诡诈残忍均可兼施。在《君主论》第十五章,马基雅维利指出为政者优柔寡断,为各种规条限制住,没能掌握时机做该做的事,不要多久,便会自取灭亡。虽然马基雅维利给君主的建议是"为目的而不择手段",可以罔顾一切宗教道德规章,但是却要求君主绝对不在公众面前有违反基督的行为与言论。这一点也是宗教道德人士最不能谅解马基雅维利的,因为他明白指示君主们以欺瞒扰乱视听。

马基雅维利在《君主论》的阐释系统,常用当世君王为例。教宗亚历山大六世(Pope Alexander Ⅵ)的儿子包琪阿(Caesar Borgia)可以说是马氏《君主论》的标干人物。教宗亚历山大六世是一位以生活不道德闻名于文艺复兴时代的教宗,但是尽管私德不好,他却是个很好的行政人才,对教皇国的政事,不论大小,皆必躬亲。他既控制罗马城的贵族,又要节制教皇国的开支,以致把罗马人都得罪光了;他又为确定教皇国的权益,常与意大利诸邦发生争执,因此意大利的统治阶级也不欢迎他;加以他来自西班牙,而意大利人向来对任何非意大利人的教宗,总是不愿顺从的,所以他的丑闻传得特别快,特别夸张。亚历山大六世的长子是被人谋杀死的,有人指认是次子包琪阿所为。包琪阿是个非常特殊的人物,罗马城内到处流传着关于他的谣言,说他嗜杀成性,不但杀了自己的哥哥、妹夫、情人、部下,而且几乎罗马城内大部分的谋杀案都和他有关系。在他的哥哥甘丁公爵(Duke of Gandin)死后,他就被封为范伦铁诺公爵(Valentinois),统率教皇国的军队南征北讨,以贿赂、奸计、恐吓等手段,把教皇国境内分立的小邦,逐次征服,因

此被传为一个机智且无所不为的危险分子。马基雅维利第一次见包琪阿是在 1502 年,由于包琪阿涉足阿里佐的反抗佛罗伦萨的革命,索德里尼便与马氏同往刺探包琪阿的意愿。在见他以前,佛罗伦萨的使者们必早已风闻公爵的流言,晋见时候是在夜晚,一个高大苍白的人,在微暗的烛光中,四周绕着卫队,气氛显得极神秘,高深莫测,而包琪阿的回答又是绝然否定的,不但不接纳佛罗伦萨的友谊,而且明明白白地表示将毁约与法国合作进攻佛罗伦萨,使马氏顿时发觉到他的危险性。同年十月,马氏再度前往,在包琪阿的宫廷里盘桓了三个月,有更多的机会观察包琪阿的权术手段。目睹包琪阿摆下的鸿门宴,把所有归顺的叛军领袖一齐斩除后,马基雅维利对他这种残忍无情的作风极为钦佩。第三次再见包琪阿,是在教宗亚历山大六世死后不久,包琪阿推选了不该选的朱理斯二世任教宗。朱理斯二世家族与包琪阿家族自来势不两立,早已处心积虑地筹备铲除包琪阿;所以,包琪阿最终的处境极为凄惨可怜,联盟背弃他,朋友轻视他,甚至卫队长也变节投效更有希望的主人去了,包琪阿在投告无门的末途中,成为法王的俘虏,客死异乡。

后来马氏在《君主论》中对包琪阿最末的惨境避而不谈,仍然以他作为君王典范,而且为他的失败做辩护,认为包琪阿除了轻信敌人朱理斯二世外,无懈可击,足以为任何依幸运与武力起家的君王之表率,错只错在无法控制"命运"——其父教宗亚历山大六世死得早了一步。客观地看马基雅维利的态度,首先,他不可能同情怜悯包琪阿的困境,因为包琪阿代表与佛罗伦萨敌对的教宗势力,他的成功,会是佛罗伦萨的灭亡;他的失败对佛罗伦萨而言乃是百利无一害的,马氏高兴都来不及,哪里会去同情他呢?再者,就包琪阿表现的才能来看,他并不是位好将军,算不上是位好战士,甚至他的政治才能也没有特别出色的地方,他的奸诈冷酷也不能算是暴君的代表,超过他的暴君比比皆是。为什么马基雅维利要在《君主论》中,那样地称赞包琪阿?或许是因为包琪阿代表着一种新的国家构想:他曾致力于教宗国之统一,构想在比翁比亚(Piombia)、柏路其亚(Perugia)、佛里(Forli)与比萨的四点之间,建立统一的教宗国,一个与英法相似的民族国家,也就是《君主论》中,马氏一再表示极度向往的目标——在意大利建立民族国家,一个他所谓的"新公侯国"(New Principality),完成他在《君主论》最后一章呼吁贤能君主起来,驱逐北方入侵者,解放统一意大利的最终理想。因此《君主论》之以包琪阿为模范,不只是表扬欺诈权术,而是基于这项理想。他在欧洲新政治趋势中,预见十八世纪君主专制政体,他是近代政治进展之先知。马基雅维利的作品中,从未有新大陆发现的相关记载,也从未提过新航路,完全没有意识到大西洋正逐渐取代地中海成为欧洲世界的中心,但他已经由政治上看到了新世界。

总之,马基雅维利的《君主论》提供了一面镜子,在文艺复兴时代政治家的影像里,后代的人看见了君主统治术外,更体会到"权力"千古不变的本质。马基雅维利在这本经典作品中,跨越古今的思考脉络,以历史人物与时代政治家为例,印证君王治国之术,脱开宗教、神学与道德规范,开创世俗化与理性化的西方现代政治学。

节气：无尽奥义的天地图式

李　琦

弁言：人文另解与经典别取

大学里设了人文学院，这便容易让人将"人文"与经济、政治、化学、医学、信息工程、环境政策等区别了，乃至把"人文"也与艺术区别了，只将它当作大学里"术业专攻"的诸"业"之一。一旦把人文当作大学里的专业之一，通常又将它当作人文学院的教授与学生要用心耗神的，其他专业的教授与学生则可以无关人文，只做那"专攻一业"之事。如此，"专业"就必定退为匠技，无以成为艺业，纵然再是精湛，也是存了很大欠缺的。一旦把人文当作大学里的专业之一，又是将人文变窄了，变虚了，极容易使人文弱去与生活、生命的多样、丰富的关联，乃至失了植根之土壤、灵动之源泉。如此，人文就必定庸俗化，容易退为故弄玄虚、故作风雅。

大学里设了人文学院，也许是大学的无奈之举。这逻辑的反面是，并非所有的大学都设得了人文学院。原本，不管设不设人文学院，大学都该是人文的。毋宁说，没有人文便不成大学。因此，大学里，不分术业之"专"，教书的都该有一份人文气质；虽然院系有别,读书的都该有相应人文素养。否则,大学就不足以言其“大”。没有人文气质也教书,这很怪异;少了人文素养地读书,这很可惜。

最简约地说,人文是关于生命的理解与体验,及由此理解与体验而来的生命态度、立场。人的世界里,不只是艺术、宗教承载生命理解与体验,展示生命态度与立场,举凡秩序与混乱、效率与公正、战争与和平、疾病与灾害等等,都深刻牵连着生命态度与立场。相应地,人理解自然世界时也必定延伸和投射了他之于自身的理解,人对于自然的态度、立场也必定就是他对于自己的态度与立场。例如,是“人定胜天”的征服、攫取,还是“参赞化育”的天人合一?因此,大学里,法学院讲人的行为如何通过规则以型范、医学院讲诊断与药物如何治疗肉身之疾时,自然已是直接关乎生命态度与立场,建筑学院讲物化的具象空间如何供人安身立命也是不能脱离生命态度与立场的,即便是宇宙学的研习也必定涉及轻微之人于无边无际、无始无终的宇宙是否果真必要与可能去“量天”的问题。人文是大学里跨越和超越专业界限的那份精神、那道趣味、那番意象。唯此,世上不同的大学、大学里不同的人之间才能够心意相通、心领神会,哪怕意见相左也依然可能志同道合、共担天职。

人的世界里,实无与人文无关的经典。只是,未必人人看得出经典便是人文,也未必人人能够恰当取舍经典。也该承认,每个时代有其认定的经典,每个时代对经典各有读法。经典这般“此一时,彼一时”,正是生命理解与体验、生命态度与立场变动而不恒定之反映。然而,变动不居中总也有一以贯之者。

大凡说到经典,总容易以为它采取文本形态。《圣经》大概是西方人顶礼膜拜为至高无上的经典文本,中国人则或许只会把《易》或《道德经》当作世界第一经典。将文本做宽泛理解,那么《雅典学园》与《兰亭集序》一定足称经典,《广陵散》和《命运交响曲》则堪以听觉符号身列经典而并重于那些视觉符号形态的经典。人类千百年累积起来的对于自然世界的理解,往往凝练为一则定律、一道公式,自也该称经典。

这之外,还有别的形态的经典吗?权且把节气也作经典,如何?

节气:另一样天地图式

一天之内,日出日落;一月之间,月盈月亏;一年之中,四季相替。在尚未"科学昌明"的时代,先民最初的时间感知大概是这样的。这样的时间感知,又是太阳与地球之间的空间关系所带来的,出自先人在大地上抬眼看天。所谓"时间由仰视而来"。这意味着,关于时间的把握,已经包含了对空间、对天体运行的把握。且称"天地图式"。农耕的文明里,日出而作、日落而息,这是生命把握;春耕、夏耘、秋收、冬藏,这更是因寒暑相推而来的生命节奏。天地图式里,便融契了人文。

五百年前,哥白尼一页一页地摞起那划时代的《天体运行论》。实证与分析取向、讲求精确与客观的近代自然科学,遂由此正式奠基。这一番重新厘定天地关系的痴迷,既是划时代的,大概也是战战兢兢的,竟至遗祸于布鲁诺惨遭烈火。后人往顾,那正是"科学与宗教”的问题。天地之间,何主何从?日心说既出,上帝无存;十字架祭出,科学重挫。这样的景象,只是西方文化中独有的,并非“海内同此凉热”。

地心说也罢,日心说也好,也俱为昨日故事。今人讲论天地图式,何说?阳光、空气、水,为生命之三要素,遂有生物圈之存在。生命演化,造成“万物之灵”,由野蛮而文明。这说法,属于科学。试着换个文学的说法,会如何?那叫太阳的男子,茫茫宇宙中,独独钟情于叫地球的女子,将他的精光如种子般播撒于女子,不舍昼夜。这温婉而心怀好生之德的女子,敞开她的肌肤,用她的丰润、肥沃,承接太阳的精光。于是,水里游着鱼虾,地上有了走兽,飞禽栖息于密林,昆虫嬉戏在草丛。他和她之间,空气正是媒介,令阳光通达大地,使万物自由呼吸。智慧的英国老人汤因比,用了半文学的手法,临终之前来说人自己的事情。《人类与大地母亲——一部叙事体世界历史》,别出心裁地以“生物圈”起始。他竟然像是回到了人类几乎是童年期的那个生命感受中,“只知其母,不知有父”。

东方的华夏族,对天造地化的珠联璧合了然于胸,早早地就用“天公地母”说开来了。这无疑是科学与宗教之外,另一样天地图式,不止形象、生动,也精确得很。这般将天地拟人化,恰也是中国文化不将自然对象化的意蕴。汤因比这一族眼里,东方的华夏族,毋宁是早熟的。不知道华夏族“天公地母”的天地图式,是否正是“早熟”的表现;或者,反过来,正是胸怀“天公地母”的天地图式,华夏族才造成了“早熟”的文明?这一端的因果关联,留待天地来开示好了,且不免多余地问一问:华夏一族,可还有另外的天地图式?

赤道、北回归线、南回归线这样的概念，华夏固有的天地图式里，本是缺乏的。既然欧风美雨之全球化都这么久了，那就不妨先借西来的科学说起。当太阳直射点在北回归线的时候，那叫“夏至”；反之，在南回归线时，为“冬至”。从南回归线向北半球返回，到达赤道，那是“春分”；由北回归线向南半球移动，则是“秋分”。都是常识了。这最简单的常识，却很重要。春、夏、秋、冬便简单明了，而以“至”与“分”来表达太阳与地球之间在特定时点上的关系，不仅精准，还非常美雅。这在华夏，称为“节气”。夏至、秋分、冬至、春分，是节气中的骨架。四季之始，立春、立夏、立秋、立冬，可作经脉。剩下的十六个节气，充实于四季，便是血肉。

简要图示如下：

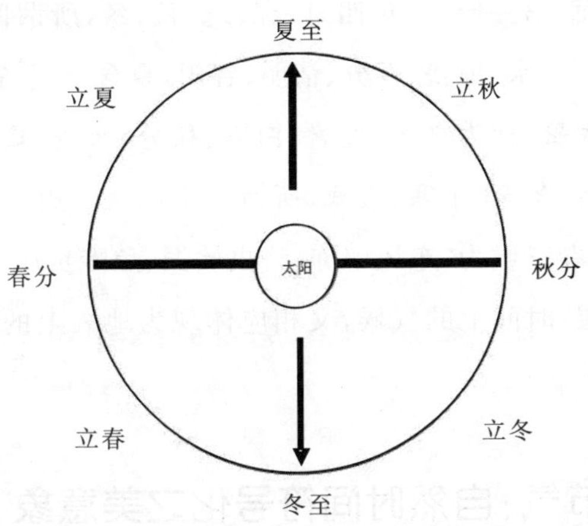

今人讲气候，涉及天文、地理，是个空间概念。例如《现代汉语词典》释“气候”为：“一定地区里经过多年观察所得到的概括性气象情况。它与气流、纬度、海拔、地形等有关”；引申开来，还可以比喻动向、情势、结果。古人的“气候”，不一样，是个时间概念。五日一候，三候一气，六气一时，四时一年，合为一年三百六十日。看来和日历上的一年三百六十五天不吻合。这没关系，至少聪明的先人早已经替我们把其中原本很要命的缝隙消弭于无形了。大概可以理解为，地球之于太阳，一年为一次公转，成一个圆周；将这个圆周等分，分出二十四个节气；每个月两个节气，每个节气含圆周中的十五度。因此，古人讲到任何一个节气时，都要说清"太阳黄经度数"，每十五度一变。这意味着，每一个节气，都在天地关系上是独一的，也是互异的。

所谓节气，古人以一月之中前为节、后为气。实在可做另解。一年二十四气，把原本无缝的时间之轴分了段落，前后相异，自成一节，各有内涵。是为"节气"。如此，华夏的天地图式，包含了渐进的三个层面：第一层，一年四时，春、夏、秋、冬，所谓四季。第二层，春有立春、雨水、惊蛰、春分、清明、谷雨，夏含立夏、芒种、小满、夏至、小暑、大暑，秋为立秋、处暑、白露、秋分、寒露、霜降，冬则立冬、小雪、大雪、冬至、小寒、大寒，所谓二十四气。第三层，每一气三候，例如立春三候为"东风解冻、蛰虫始振、鱼陟负冰"，一年七十二候。这一层，时间上的气候，又相应体现为地表上的物象，也叫物候。

节气：自然时间符号化之美意象

地表上有人之前，星移斗转，时空是自然的，也是自在的。人将星移斗转的空间状态、随星移斗转而生的时间接续符号化了。为天体命名、揭示天体运行之关系，这是将空间符号化；为时间命

名、建立各时间单位之关系，这是将时间符号化。自然时空符号化也是人将自然时空人化了，从而时空变成“人的”时空。自然与自在的时空之所以因为符号化而变成“人的”，在于符号本身的抽象性与超越性。例如，人的观念里有了日、月，遂祭日、拜月，全然无关那自然与自在的日、月，彻底是人自己的事，祭拜是人的祭拜，日月也只是人的日月。

节气是自然时间之符号化，更是极富意象化的时间符号。比起单纯的时间刻度秒、分、时、日、月、年来，节气显然是美的、好意象的。这美意象的最初展示，即在诸如夏至、冬至、春分、秋分的写实与精到之外，还有惊蛰、清明、谷雨、小满、白露、霜降等的生动与趣味，复由此而成《节气歌》：

春雨惊春清谷天，
夏满芒夏暑相连；
秋处露秋寒霜降，
冬雪雪冬小大寒。

二十四节气名，各取一字，竟然可以组成朗朗上口的节气歌，若非汉语之字本位，大概无以如此。尤其起首的“春雨惊春清谷天”，顿然拟人化地使自然鲜活起来，予人盎然生机之感，音韵上也美得很。所谓中文是意象文字，这一下，体现得极为具体、直接。

另择一趣话。明代有位学台，游览于浙江天台山，夜宿山中茅屋。次日晨起，见茅屋一片白霜，心有所感，随口吟出上联：

昨夜大寒,霜降茅屋如小雪

联中嵌有三个节气,一气呵成,毫无痕迹。直至近代,才由浙人对出:

今朝惊蛰,春分时雨到清明

有无名氏作图,将二十四节气呈现为:

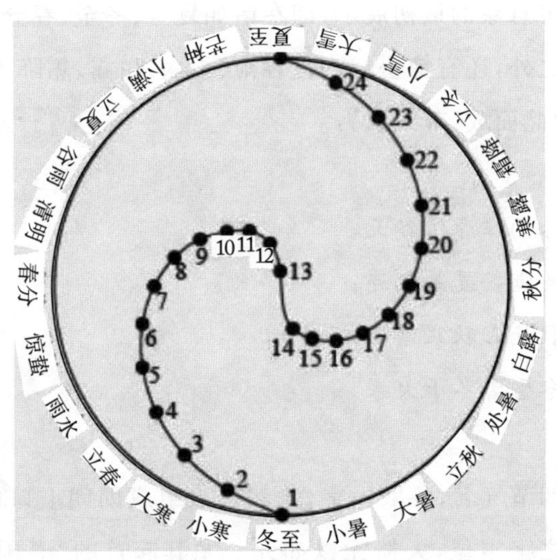

此图妙在将节气与太极图相融合,不仅将时间展现为柔美的弧线而不再是简单的直线,更由此将节气与阴阳关系相关联。这是后话。那么,二十四节气如何恰好组成太极图呢?大抵如此:

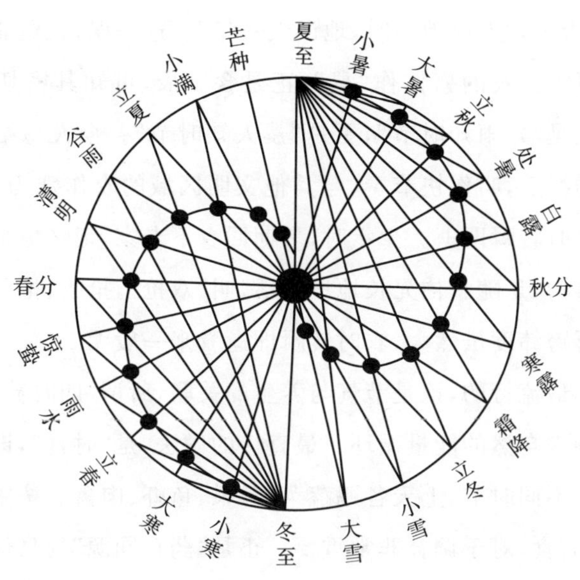

如此，足称自然时间符号化之极致。

节气：以人文融契于天文

华夏先人绝非以节气这一天地图式单纯描述天地关系，也绝非基于主体与客体二分的思维，把天地当作认知与行动的对象。一旦二分，就容易对立。天地之间，人行其中。所谓“中国”，岂能不如此理解？叫作节气的这一幅天地图式，正是关乎人之行止，以融契于天地。绵绵奥义，藏于节气。

今人最容易想到的，大抵是节气与耕作之关系。春夏万物生长，秋冬万物肃杀。相应的，耕作的节奏，便是春耕、夏耘、秋收、冬藏。这是人力的节奏，要契合天时、地利。因此，“凡耕之本，在于趋时”。否则,“人误地一时,地误人一年”。这一误,大概非得忍饥挨饿不可了。农的繁体作“農”,正是含了辰,可知其密切关乎时节。不光是“好雨知时节”,更是“農人知时节”。今人总结中国古代农耕的特点,叫作快节奏,与其他文明区域的农作殊为不同,就是因为农时转瞬即逝。少年时,暑期回乡下老家,记忆里最辛苦而深刻的事情,是随叔伯兄长地里干活,叫“双抢”,抢收、抢种。中国南北方所跨纬度虽然大,农时转瞬即逝看来一般无二。

时下最流行的,该是节气与养生的关联,所谓“四时养生”。这是使人融入自然的能量循环。最直接的做法,是“时食”,即依着时令而食。不同时节,上天各赐蔬菜、瓜果、鱼虾、肉禽。按中医的说法,应时而食,对于调补非常重要。正是“药食同源”的具体化。今人对节气的理解若只在这个层面,那就太鄙俗了。人之所食,原是为物,故有“食物”之说。一旦应时而食,所食就不限于有形之物了,更是无形之时。这何尝不是“食时”?把星移斗转吃进肚子里。这一吃,不仅吃出了时令美味,更是吃出了大气势;这一吃,不仅在形下的层面吃着营养、获取能量,更在形上的层面吃着天地人之融契。可惜,可惜;悲哉,悲哉。如今的文明形态中,工业化而来的食物全然没有了时令界限。人之所食,只剩形下的物,或许能够维持肉身,何能指望滋养性命?

除了具象层面的依时而食,“四时养生”在抽象层面要求随四季之阴阳消长、寒暑相替而起居、动静。这是对生命节奏提出更高的要求。

民俗上,一向有在节气中寄望生命期盼的做法。立春之后的节气是雨水。此时有“撞拜寄”的习俗,寓意雨露滋润而易于生长,

期盼孩子如草木得雨露般茁壮成长。如果无法将孩子拜寄给人，也可以“拜寄给具有神性的山、石、田、土、水、树”等。出嫁的女儿若久不怀孕，母亲会在雨水时为其缝制一条红裤子，穿到贴身处，求能尽快生育后代。

节气之中，天地人之融契，最体现为敬畏自然。华夏先人之做法：

其一，迎春夏秋冬。这甚至是代表万民的天子之职责。在四季起始的立春、立夏、立秋、立冬四个节气里，天子率百官，迎春于东郊、迎夏于南郊、迎秋于西郊、迎冬于北郊。这是极有意趣的做法。今人或许称此为“拟人化”，未免不得要领。古人大抵不是“拟”，而是实实在在地视其为“人”。

其二，祭天地日月。同样是天子，春分祭日于东方，秋分祭月于西方，夏至祭地于北方，冬至祭天于南方。因有四祭，明代建北京城，格局上便不得不有日坛、月坛、地坛、天坛。四祭之中，祭天为最。天坛便也是最气派、最精妙的。华夏阖族，中秋赏月，原是出自秋分祭月的。祭月总得月悬中天、朗月清晖，唯在八月十五才易得此好天象。于是，内涵上祭月演变成赏月，时间上以中秋为节而替秋分之气。由祭月而赏月，雅致与欢愉有了，恭谨与肃穆却少了。

翻天覆地、分崩离析的百年剧变之后，更是彻底流逝了对于天地、自然的敬畏之心。四季不迎，天地失祭。因四祭而立的四坛，如今已退为遗址与文物了。络绎不绝的游人，到了圜丘与祈年殿，几乎没有人会在心中生出对天地的礼敬与感戴。自然，只剩下物象，不过是人的对象。人再也不把自己的心性投射其上，只知率性地施加钢铁力量。

于自然之敬畏,其三则是循阴阳寒暑。一年之中,寒暑交替,阴阳消长。人的行动,循了这一交替与消长,因应自然的节奏,一面是养生、保健以善待生命,一面则是人的自我约束。汉代规定:"冬至前后,君子安身静体,百官绝事,不听政,择吉辰而后省事。"《白虎通义》谓:"冬至所以休兵,不举事,闭关,商旅不行,此日阳气微弱,王者承天理物,故率天下静,不复行役,扶助微气,成万物也。"西人有言,"伟大在节制中展示"。人的生命节奏,契合于自然之节奏,而不敢、不必、不会罔顾"天公地母"之自在节奏而肆意施为,也算"以敬畏而伟大"。

所谓"天时地利人和",且解作"天有时、地有利而人与之和契"。在节气这样的自然节奏中,人伦领域也要契合天时、地利,遂有另一端"人和"。例如在雨水节,出嫁的女儿要带上礼物回娘家拜望父母,以感谢父母养育之恩。到了冬至,寒冷之极,晚辈要向尊长进献鞋袜,以作保暖护身之用,以示敬尊爱长。世人但知才高八斗的曹子建,因爱情写就《洛神赋》,却不知道他为亲情向曹操奉上《冬至献履颂》。这是于特定节气为孝亲之举。此其一。其二,于先人,节气时则祭之。清明祭祖,是郊祭。坟墓总不可能在屋宇里。冬至也祭祖,那是在宗祠为祭。此外,立春、春分、夏至乃至处暑,都多有祭祖之举。合起来,正是四祭,祭于春、祭于夏、祭于秋、祭于冬。节气里孝亲、祭祖,内里大约是含了"以历史为宗教"的意涵的。这话题真是很大。其三,敬师。古人的"天地君亲师"中,师的地位,远非如今这个理性化时代师生之间的情感性关系荡然无存所能比。既须孝亲,便得敬师。冬至即是敬师之时。一敬先师,

大成至圣之万世师表孔夫子；二敬本师，授业之师。说起来，拿冬至作教师节才是最适合的。

这么说下来，依着节气，从田间耕作到饮食保健，从敬畏自然到慎终追远，一言以蔽之，乃是自然节奏与生命节奏之融贯。节奏诚为人之天然需要，向内是人一己的谐与和，向外是人与人、人与物的融与契。若非谐和与融契，人何以成其为人？如此，节气就不只是自然时间之符号化，更是生命之时间维度。在这样的生命维度中，既是“以人文契天文”，又是“以人文补天文”。一年之中，“冬者，终也，万物收藏也”。于是，冬季里，谷物进仓、活计收停、休养生息。这既是自然之物象，也是人之生命节奏。此所谓“以人文契天文”。

把二十四节气当作生命节奏来理解，生命由之而相应地起伏、转承，那么不妨把二十四节气看作是中国人一年中的二十四处房屋。这便把时间转换为空间，或者说赋予时间以空间意蕴。

节气：参赞化育的天人合一

另一面，古人观念与行动上，人之于自然的节奏，也不纯然是消极的、被动的，可以有所主动、积极，从而“助天养”、“助天收”、“助天诛”乃至“补天穿”。此所谓“以人文补天文”。例如约在汉朝，出现了“天穿节”，时间恰是雨水之时。大抵古人认为“天穿而雨”。天穿节与女娲补天相关，喻义为补天，故而天穿节的习俗是吃煎饼，也有在天穿节中为补地之举的。再如古时守岁，或烧松盆，或焚沉香，或燃爆竹，或点蜡烛，总之与火有关。这是助阳。因为在阴阳消长中,此时阳至弱,有赖人之相助,便于“一阳来复”而万物复苏。

这样的生命理解与生命节奏,在更深的层面,是“参赞化育”。《中庸》有言:

> 惟天下至诚为能尽其性。能尽其性,则能尽人之性。能尽人之性,则能尽物之性。能尽物之性,则可以赞天地之化育。可以赞天地之化育,则可以与天地参矣。

“赞”的本义是“带礼物进见”。“先”本义为“走在前面”,两“先”并列意为“快速进见”;“贝”指礼物。赞的引申为夸奖、称美,再引申为帮助、辅佐。“天有其时以化生万物,地有其材以养育万物”,人虽无生、育万物之力,却能“赞”天化地育。这是中国文化特有的生命观。人于天地间,固然轻且微,却非卑与贱。人以其轻微,致力于与天地和;和契、融贯于天地,便是昂然卓立于天地间。人遂得以与天、地并其三。此所谓“三才天、地、人”。这古老的说法,看来于当代得了西人之应和。有那博学、敏锐之士,深感资源稀缺所造成的困窘,以大作《终极资源》来定位人。这恰是西人思维之特性。把一切都对象化,连同人自身也对象化了。这与“三才”之说,实为大异其趣。二者不可相混,即如鲸鱼岂可当鱼?

中国文化将生命个体融入天地自然系统,又将个体当作小宇宙。这是从自然的意义上对生命做系统性理解。另一面,在人伦上,中国文化不在意个人,既不将个人视为独立的原子,更不是以个人为至上之存在,而是将个人汇入血亲团体中,个人的生命价值

在于使特定血亲团体生生不息。一己生命，一端是孝亲、祭祖，另一段是生养、繁衍。这是从人伦上对生命做系统性理解。辨识节气之奥义，不可不察此“系统性生命观”。易言之，华夏在关系性维度上看待生命，泰西则在自我性维度上看待生命。

节气：阴阳与辩证

节气中最奥妙的，莫过于阴、阳。

阳与阴之具象，是物体于日光之向背。向日为阳，背日为阴，自不待言。拿天、地关系来说，春分经夏至到秋分，太阳直射点在北半球，为阳；秋分经冬至到春分，太阳直射点在南半球，为阴。这是阴阳两分。然而，一向又以春夏为阳、秋冬为阴。这是因为，春夏为万物生长，故而其性为阳；秋冬乃万物肃杀，其性则阴。生长或肃杀，固然关乎具象，却已含了抽象之意。因此，春夏为阳、秋冬为阴，便是略略离开具象来说阴阳了。

一旦在抽象的意义上看阴阳，阴阳便不是两分，而是并存。孤阴不生，独阳不长。后羿射日的故事，恰是验证了“独阳不长”。“寒能封藏”之说，也是将阴的功能说个透彻。而夏至三候，正说明了阴阳并存。夏至三候，为“鹿角解、蝉始鸣、半夏生”。今人以麋、鹿同科，古人却将二者分了阴阳。鹿角向前生，属阳；麋角向后长，属阴。夏至日阳气盛而转衰，阴气始生，阳性的鹿角便脱落了。阴性的麋则到了冬至才落角。雄性的知了在夏至日后因感阴气来临而鼓翼成鸣，喜阴的半夏于沼泽、水田中生长。夏至三候，正是阴阳交替的物象。这阴阳交替，乃是主、从上交替，而非彼此替代。

这在主、从上交替的阴、阳，远非视觉上可见的阳光、阴影，而是气。这是对阴、阳最抽象的理解。其可以感知，无以实证。例如，春天里气温二十度，与秋天的气温二十度，实证的意义上是完全一样的，但是身体对寒热的感受却大不同，自古相传就是“春捂秋冻”了。春时非得“捂”，秋来“冻”得起。春分到秋分，阳气为主阴气从属；秋分到春分，反之，阴主阳从。身体对同一温度时的冷热感知不同，即是这无处不在却无所见的阴阳之气主从有异。阴阳之主从，也涉及阴阳之隐、显。春分到秋分，阳气为显，阴气潜之；秋分到春分，阴气现而阳气潜。

阴阳之主从、显隐，又极为辩证。夏至，阳极盛，盛极便衰。阳衰，则阴起，故而“半夏生”。冬至，阴极盛，盛极则衰。阴衰，阳遂起。故而，冬至为“一阳来复”。正因为“一阳来复”，古人对冬至看得极重，甚至到了“冬至大如年”的程度。故而，祭天与祭祖，孝亲与敬师，饮食以进补，都在冬至。所谓“过年”，还真没有这么丰富的内涵的。有一种名为万寿花的，开着米粒大的小红花，鲜艳、可人。她正是在冬至过后盛开，离立春还有不少时日。不待春来花自开。正是不可见而潜隐的冬日之阳，在复苏之初，造就出盎然生机。适足以与具象的冬阳暖暖并一时瑜亮。美哉，快哉。所谓春分、秋分，不止昼夜平分，也是阴阳平分。所谓夏至，不止阳气达于极致，也是阴气始至。所谓冬至，既是阴气盛极，犹是阳气初起。此为阴阳相伴相生，相辅相成。

节气：中国式的生命理解

今人重新释读节气，转述如下：

站在万物生化的角度来看待及审视世界，并进行世界规律之总结。

对构筑世界的材料、作用体系的结构模式，也做出相应的归类与安排。

归纳出三大生化万物的直观作用结构及其规律：

以四季寒暑为特质的年周期
以昼夜明暗为特质的日周期
以雌雄男女为特质的生物周期

在四季寒暑这个万物生长的周期中，看待及安排雷霆风雨等自然现象的作用与性质，并将其对万物生长过程所产生的具体影响与作用，予以规律化、体系化。

将人与其他生物放在一起，共同作为对生存其间的生态场域的生存感受者，将由太阳周期所构成的四季寒暑变化、昼夜明暗变化，以及万物进行生物适应的适应模式与适应规律，构成直接影响、形塑其生存规律与生活方式的要素，做“月令”式提取。从而形成了主要记载于《夏小正》、《月令》等典籍中的华夏式农业文化模式。

这是根据万物与外在生命场的相互关系，总结而成生物适应原理及生命成长规律。

李约瑟看来比黑格尔多些慧根,所以知道有一种“极古老极明智但全然非欧洲性格的思想模式”。可谁知道,究竟是东方式的辩证,使华夏得窥天地堂奥,抑或此天地堂奥,独青睐华夏而成此辩证?

性别、女权主义*与“可活的生命”

——朱迪斯·巴特勒《性别麻烦》的本土解读

杨　玲

朱迪斯·巴特勒(Judith Butler)是美国哲学家和性别理论家,当代人文学科影响力最大的女性学者。1993 年,她应聘到加州大学伯克利分校任教,现为该校修辞与比较文学系的 Maxine Elliot 讲座教授,批判性理论项目(Program of Critical Theory)的主任。巴特勒的著作对政治哲学、伦理学、女性主义、性别研究、文学理论等领域都产生了深远的影响。在 2007 年人文学科被引用次数最多的著作者名单中,巴特勒位列第九,仅次于福柯、布迪厄、德里达、吉登斯、哈贝马斯、韦伯等理论家。① 1990 年,巴特勒出版了其成名作《性别麻烦》(*Gender Trouble*)。这本主体部分只有 150 来页的“小书”,现已成为后现代女性主义理论和酷儿理论

* 中国学界出于各种考虑,一直将“feminism”一词翻译为“女性主义”。但近年来,中国女权主义活动家和行动者却越来越倾向于使用“女权主义”一词。本文将交替使用这两个词。

① 排名依据的是汤森·路透(Thomson Reuters)公司的 ISI Web of Science 数据库提供的数据。参见“Most Cited Authors of Books in the Humanities, 2007”, http://www.timeshighereducation.co.uk/405956.article, March 26, 2009.

(queer theory)的经典。① 该书的问世,也让巴特勒成为美国学界的超级明星。

一、"麻烦"制造者

巴特勒1956年出生于美国俄亥俄州克利夫兰市的一个移民自匈牙利和俄国的犹太家庭。她的父母在当地拥有一个小型院线,并对政治极为热心。在一部名为《朱迪斯·巴特勒》的纪录片里,巴特勒讲述了她的犹太教背景对《性别麻烦》一书的影响。她说她父母那一代的美国犹太人认识到同化就意味着"遵从某种好莱坞电影里呈现的性别规范"。因此,她的祖母和母亲都以好莱坞女星为角色榜样。《性别麻烦》一书中所提出的理论实际上是她在试图理解她的家庭"如何将那些好莱坞规范具身化(embodied)",如何又没有彻底做到这一点。巴特勒在希伯来学校度过了童年和青少年时期。早慧的她一直是学校里的"问题学生",不尊敬权威,不遵守校规,擅自逃学旷课。校长甚至警告她的母亲,说巴特勒长大以后有可能成为罪犯。为了惩罚不听话的巴特勒,学校强迫她跟随拉比(犹太教教士)学习。学校的惩罚却正中巴特勒的下怀。她逃课就是为了去教堂听这位名叫Daniel Silver的拉比讲道。当拉比问巴特勒想学什么时,年仅14岁的巴特勒回答说:她想知道为什么斯宾诺莎被逐出犹太教会,德国唯心主义哲学是否和纳粹

---

① Sarah Salih, *Judith Butler*, London: Routledge, 2002, pp. 43-44.

的兴起有关，想弄懂存在主义神学。①

巴特勒早年所受的犹太教育，成为她日后学术研究和政治参与的重要伦理资源。她曾公开宣称：“我是一名通过犹太教思想被引入哲学大门的学者，我认为自己在捍卫和延续一个包括马丁·布伯和汉娜·阿伦特等人物在内的犹太教伦理传统。……我学习并逐步接受了这样的观念，即我们被他人和自己召唤着去回应苦难，并呼吁苦难的减轻。……在我的犹太教育的每一步中，我都被教导面对非正义却保持沉默是不可接受的。”②《性别麻烦》就是一本渗透着伦理倾向和个人经历的学术著作。巴特勒在书中对“自然的”性别规范的激烈质疑根植于她自身成长过程中对性别规范之暴力的切身体会。她的一个叔叔因为不正常的身体形态而被关入精神病院，她的同性恋表亲被迫离家出走，她自己也在 16 岁那年经历了一场出柜风暴。在美国东海岸求学、工作、生活的 14 年间，巴特勒积极投身同性恋社群所发起的社会运动，“参加过许多会议，去过许多酒吧，参与过许多游行，见过许多不同的性别，了解到自己身处一些性别的交叉路口，并遭遇到一些位于文化边缘的性态(sexuality)”。《性别麻烦》是她试图将象牙塔中的学院生活与同性恋社群中的生活联结起来的努力。该书在学院外的广泛传

---

① Eugene Wolters, “Judith Butler Documentary Discusses Jewish Upbringing's Influence on ‘Gender Trouble’”, http://www.critical-theory.com/judith-butler-documentary/, October 1, 2013.

② Judith Butler, “Judith Butler Responds to Attack: ‘I Affirm a Judaism that is Not Associated with State Violence’”, http://mondoweiss.net/2012/08/judith-butler-responds-to-attack-i-affirm-a-judaism-that-is-not-associated-with-state-violence#sthash.pfFtve8S.dpuf, August 27, 2012.

播,以及对同性恋社群所带来的正面影响(如促使美国精神分析学会和美国心理学会重新评估其关于同性恋的意见)也让巴特勒倍感欣慰。①

在1999年版的序言中,巴特勒称自己一直关注的问题是:"什么构成、什么又不构成一种可理解的生活?有关规范性的(normative)性别与性态的假定,如何事先决定了什么才是合格的'人',以及'可以活下去'的生活?换句话说,规范性的性别假定如何运作,限定了我们用以描述人的领域?什么方法可以使我们认识到这种限定性的权力?改变这种权力的手段又是什么?"②性别虽然只是人类生活的一个面向,但却能决定我们是否被当作人看,是否可以活下去,是否能获得社会的承认,是否有资格享有与他人同等的权利。正是因为巴特勒对生命以及促进、管控、维系生命的权力机制的批判性思考,使得该书能够在各个学科领域广泛传播并引起巨大的学术反响。③ 当然,《性别麻烦》出版以后,也遭到不少学者的质疑,巴特勒也在与反对者的论辩中不断校正、完善自己

---

① Judith Butler, "Preface (1999)", in *Gender Trouble: Feminism and the Subversion of Identity*, New York: Routledge, 1999, pp. xvii-xx. 中译参考了朱迪斯·巴特勒:《性别麻烦:女性主义与身份的颠覆》,宋素凤译,上海:三联书店,2009年。

② Judith Butler, "Preface (1999)", in *Gender Trouble: Feminism and the Subversion of Identity*, p. xxiii.

③ Elena Loizidou, *Judith Butler: Ethics, Law, and Politics*, Abingdon: Routledge-Cavendish, 2007, p. 2.

的观点。[①] 但对一种“可以活下去的、可行的生命”(a livable/viable life)[②]的关切贯穿了她的整个哲学思考和社会介入。在巴特勒强大而精细的理论思辨背后，一直隐含着一种朴素的“人道主义理想”[③]。

《性别麻烦》一书虽然广为人知，但读懂它却并非易事。[④] 巴特勒自己也承认该书语言风格的艰涩。但她认为，风格并不是可以由作者单方面选择或控制的。此外，语法和风格也不是政治中立的，符合语法规则固然可以让语言变得可理解，但它同时也就落入了规范化语言的窠臼，限制了激进观点的表达。“如果如莫尼克·维蒂格所论证的，性别本身通过语法规范被自然化，那么从最根本的认识论层面来改造性别，就得部分地通过挑战生产性别的语法来进行。”[⑤]在巴特勒的第一部著作《欲望的主体》(*Subjects of Desire*)中，她曾这样评论黑格尔的《精神现象学》：

---

① 都岚岚：《论朱迪斯·巴特勒性别理论的动态发展》，《妇女研究论丛》2010 年第 6 期。

② 郭劼：《理论、生活、生命：从〈性别麻烦〉到〈消解性别〉》，载朱迪斯·巴特勒：《消解性别》，郭劼译，上海：三联书店，2009 年，第 270 页。

③ 朱迪斯·巴特勒：《消解性别》，郭劼译，第 212 页。

④ 从 1994 年开始，学术期刊《哲学与文学》(*Philosophy and Literature*)每年举办一次“坏写作比赛”(Bad Writing Contest)，邀请读者提交他们所发现的“最难看、文风最糟糕”的句子。1999 年，巴特勒以一个横跨两页，多达 94 个字的长句，赢得了当年比赛的冠军。参见 D. G. Myers, “Bad Writing”, http://dgmyers.blogspot.com/p/bad-writing.html.

⑤ Judith Butler, “Preface (1999)”, in *Gender Trouble: Feminism and the Subversion of Identity*, pp. xix-xx.

> 黑格尔的句子施演(enact)了它们所传达的意义;的确,它们表明那些存在的东西仅仅在被施演时才存在。黑格尔的句子读起来难,因为其意义不是即刻给定或知晓的;这些句子要求被重读,用各种不同的语调和语法重点来阅读。……如果我们拒绝放弃"线性排列的单一意义将从手中的文字展开"的期待,我们就会发现黑格尔混乱、笨拙和不必要的晦涩。①

美国学者萨利(Sara Salih)认为,巴特勒这段关于黑格尔文风的论述恰好可以用来解释她本人的文风,"通过仔细地、费力地阅读黑格尔(和巴特勒)的文章,读者将实际上体验(experience)到哲学家所描述的东西"。② 语言的难度正是巴特勒思想的难度的体现,她的语言和思想都在针对(语法的和性别的)规范制造麻烦,解构那些貌似真理的常识。

巴特勒曾经反思为什么她那么"晦涩、抽象、难懂"的著作却依然大受欢迎,她的结论是因为人们需要问"什么是可能的"并相信这种可能性。如果没有这种可能性,就没有向前的运动。哲学促使人们去思考世界另外的样子,这正是人们所需要的。③《性别麻烦》一书的贡献恰恰在于它开启了性别的另类可能,让我们以不同的方式思考、实践性别。

---

① 转引自 Sarah Salih, *Judith Butler*, p. 13.

② Sarah Salih, *Judith Butler*, p. 13.

③ Judith Butler and Regina Michalik, "The Desire for Philosophy: Interview with Judith Butler", http://www.egs.edu/faculty/judith-butler/articles/the-desire-for-philosophy/, May 2001.

二、性、性别与性别操演

《性别麻烦》一书的副标题是“女性主义与身份的颠覆”。这个副标题揭示了巴特勒写作该书的主要目的，即质疑“女人”(woman)这个身份范畴是否真的就是女性主义的主体、女性主义政治的前提条件，这个身份范畴是如何依靠一种排他性的机制被建构起来的，女性主义是否必须要建立起这样一个单一的、不变的、排斥性的身份作为其理论与行动的基础。巴特勒问道：“将女人的范畴建构为一个连贯的、稳定的主体，是否是对性别关系的无意之中的管控和物化？这样的物化不是正好与女性主义目标背道而驰？在何种程度上，女人的范畴只有在异性恋矩阵(heterosexual matrix)的语境中才能获得稳定性和连贯性？”①

巴特勒对“女人”的解构是从女性主义对性(sex，也译作“生理性别”、“自然性别”)与性别(gender，也译作“社会性别”)的区分入手的。性别本来是一个语法范畴，指一些语言中名词或代词的类别，以及形容词、冠词或动词在与名词或代词搭配时发生的曲折变化。1955年，心理学家曼尼(John Money)通过对双性人的研究提出了“性别角色”(gender role)的概念，用以和生理性别(biological sex)的概念相区分。1970年代以后，第二波女权主义理论开始广泛使用“性别”一词来驳斥“生理即命运”的男权社会偏见。性被当

---

① Judith Butler, *Gender Trouble: Feminism and the Subversion of Identity*, pp. 2-8.

作自然的、不可改变的生理事实,而性别则是社会和文化建构的产物。[①]

人类学家罗宾(Gayle Rubin)1975年发表的著名文章《交易女人:性的"政治经济学"笔记》("The Traffic in Women: Notes on the'Political Economy' of Sex")就是女性主义理论应用性别这一术语来探讨妇女压迫的典范。在文中,罗宾使用了"性/性别体系"(sex/gender system)这一术语来描述"女性、性少数群体和个体人性中的某些面向遭受压迫的场所"。该体系指的是"一个社会将生物的'性态'转换成人类活动产物的一套安排(arrangements),在这套安排中经过转换的性需求得到满足"。罗宾随后根据列维·斯特劳斯(Claude Lévi-Strauss)对乱伦禁忌和亲属关系体系的阐释,对性别这一术语做了进一步解释:"性别是一种社会强加的性划分,是性态的社会关系的产物。各种亲属关系体系都依赖婚姻。这些体系因此将雄性(males)和雌性(females)转变为'男人'和'女人',各自都是不完整的一半,只能通过与另一半的结合才能获得完整性。""男"、"女"两性的对立和相互排斥并不是自然差异的表达,反而是对自然的相似性的压制,男人不得不压制他身上的女性气质,而女人也不得不压制她的男性气质,以便保证异性恋婚姻的存续。在罗宾看来,女权主义为之奋斗的理想不应是一个女性统治男性的母系社会,也不仅仅是根

---

① David Haig, "The Inexorable Rise of Gender and the Decline of Sex: Social Change in Academic Titles, 1945 - 2001", *Archives of Sexual Behavior*, Vol. 33, No. 2, pp. 91-94.

除对女人的压迫，而应该根除强迫的性别角色和异性恋体制，建立一个“双性同体且无性别(尽管不是无性)的社会，在这个社会里，我们的性生理构造与我们是谁，我们做什么，我们和谁做爱都没有关系”。①

在《性别麻烦》中，巴特勒反复提到了西蒙·波伏娃在《第二性》(*The Second Sex*)一书中的一句名言：“一个人不是生来就是女人的，而是变成女人的。”(One is not born a woman, but rather becomes one.)波伏娃的意思是：女人的范畴是在特定文化领域里获得或接受的一套意义，没有人生来就有性别，性别是后天获得的。然而，人生来就是有性的，被性化(sexed)了，而且性化和成为人是同步的。性是不可改变的事实，但性别却是后天习得的(acquired)。巴特勒认为，“女人”这个看似统一的范畴，却恰恰因为性和性别的区分而出现了裂隙。波伏娃的名言中隐含了她自己都尚未意识到的激进后果。如果我们把性别当作是“对性的多重阐释”，“性化的身体(sexed body)所获得的文化意义”，我们就不能够说性别是以某种单一的方式从性中发展出来的。换言之，被性化了的身体和社会建构的性别之间没有必然的、一对一的联系。即便假设只有男女两性存在，“男人”这种社会建构也不会只依附于男性身体，“女人”也不会只阐释女性身体。当性别被理解为是独立于性的，那么“男人”和“阳刚”完全可以指意女性身体，“女人”

① Gayle Rubin, “The Traffic in Women: Notes on the ‘Political Economy’ of Sex”, in Rayna R. Reiter, ed., *Toward an Anthropology of Women*, New York: Monthly Review Press, 1975, pp. 159, 179-180, 204.

和“阴柔”也可以指意男性身体。[①] 其次,如果性不能决定性别,那么性别就不局限于两种,而是可以有多种类型。[②] 如果性别不必和性捆绑在一起,那么性别就不是“一个名词、一个实体的事物或是一个静止的文化标记”,而是某种持续不断的、可以超越男女两性的“文化/肉身行动”(cultural/corporeal action)。[③]

巴特勒不仅追问了性和性别之间的逻辑关系,更重要的是,她还对“性”提出了一连串的反直觉的质疑。“到底什么是‘性’? 是自然的、解剖学的、染色体的,还是荷尔蒙的?”性有历史吗? 其二元性是如何建立的? 是否也和性别一样,只是一种社会建构? 有关性的所谓的自然事实是否也是由各种服务于政治和社会利益的科学话语炮制出来的? 巴特勒认为,“也许这个被称为‘性’的建构和性别一样都是由文化建构出来的”,也许性“总是已经(always already)是性别”。性和性别的关系并不是自然与文化的对立关系,性别实际上是一种“话语/文化工具”,凭借这个工具,性化的自然(sexed nature)或“自然的性”(a natural sex)得以生产出来,并被当作一个先于话语和文化的,任由文化在上面作为的政治中立

① Judith Butler, *Gender Trouble: Feminism and the Subversion of Identity*, pp. 9, 151-152.

② 巴特勒在一个注释中提到了北美印第安人中存在的第三性别:穿女性衣服、扮演女性角色的跨性别者(男跨女)或男同性恋者。参见 Judith Butler, *Gender Trouble: Feminism and the Subversion of Identity*, p. 208. 2014 年 6 月,英国的脸书(Facebook)允许使用者在多达 71 种性别称呼中选择最适合自己的性别。

③ Judith Butler, *Gender Trouble: Feminism and the Subversion of Identity*, p. 152.

的表面建立起来的。①

如果说波伏娃、罗宾等女性主义者仍然将性视为一个无可争辩的、无法改变的自然事实，巴特勒却将性这个范畴彻底地去自然化了。为了阐述性也是社会文化建构，巴特勒举了法国 19 世纪的双性人赫尔克林·巴尔宾（Herculine Barbin）作为例证。赫尔克林出生时被判定为女性，从小在女修道院长大，并和女孩子们发生了性关系。20 来岁时，赫尔克林向医生和神父坦白了自己的秘密，导致她/他被迫与情人萨拉分开。当局通过法律程序将赫尔克林的性改成“男性”，要求其穿男装，行使男人的社会权利。然而法律的强行介入却导致了赫尔克林的自杀。赫尔克林留下的日记里，记载了她/他对自身困境的认识，这种困境被描述为“自然的错误、形而上学的无家可归感、永不能满足的欲望和彻底的孤独”，并让她/他对男人和整个世界都充满了愤怒。在巴特勒看来，“赫尔克林的身体特征并非落在性范畴之外，而是搅乱并重新分配了这些范畴的构成性要素”。构成女性范畴的要素有乳房、阴道；构成男性范畴的要素则是阴茎。但赫尔克林的身体形态却表明用这些身体性征作为决定生理性别的基础其实并不可靠。此外，赫尔克林的性态也僭越了性别规范，挑战了异性恋与同性恋之间的区分，以至于我们无法断言赫尔克林与女孩们之间的恋情到底是异性恋还是女同性恋。赫尔克林的例子虽然罕见，但正是“这些奇异的、不一致的、‘外在于’规范的事物，提供了一种方式让我们了解到这

① Judith Butler, *Gender Trouble: Feminism and the Subversion of Identity*, pp. 9-10.

个理所当然的性分类的世界其实是一个建构的世界,而且大可以被建构成不同的模样”。①

巴特勒对性的看法深受福柯和维蒂格(Monique Wittig)的影响。在《性史》第一卷和为赫尔克林的日记所写的导论中,福柯指出,“性的范畴先于所有对性差异的范畴化,它本身就是通过性态的某种历史特定模式建构起来的。分立的、二元的性范畴的战术性(tactic)生产,通过假定‘性’为性经验、行为和欲望的‘原因’,掩盖了这一生产机制的策略性(strategic)目标”。也就是说,福柯认为性其实是效果,而不是源头。男女两性范畴的划分是权力运作的结果,目的是为了管控人类的性经验,并将那套实施管控的权力机制隐藏起来,使其不被发现,以便长久存在。因此,“被性化,就意味着臣服于一套社会规定,让引导那些规定的法律不仅成为我们性、性别、快感和欲望的构成性原则,同时也是自我阐释的解释学原则”。女同性恋作家维蒂格则在一篇名为《人不是天生就是女人》(“One is Not Born a Woman”)的文章中提出,性的范畴既非不变的,也非自然的,它是用来服务于生殖性态(reproductive sexuality)的。之所以有男性和女性的区分,就是为了适应异性恋生殖的经济需要,并为异性恋制度提供一个自然天成的假象。对于维蒂格来说,性和性别没有区别,性本身就是一个被性别化的范畴。女人(woman)仅仅是异性恋体制中一个与男人(man)相对的、用来巩固男女二元关系的术语。拒绝异性恋体制的女同性恋

① Judith Butler, *Gender Trouble: Feminism and the Subversion of Identity*, pp. 132,137,149.

者既不是男人，也不是女人。[①]

巴特勒之所以抹消了性与性别之间的区分，是为了论证没有先于文化铭刻的“自然”身体。[②] 她提出，性别就是“对身体的重复性风格化，是在一个高度刻板的管控框架内的一套不断重复的行为，这些行为随着时间的流逝而固化，生产出实质(substance)，某种自然存在的表象”。这句著名引文包括了以下几层含义。第一，它强调性别是一个重复的行为，“这重复既是重新施演，也是重新经验已经在社会中建立起来的一套意义”。这种重复的结果是用日常和仪式的方式将现存的社会规范正当化了。第二，这种重复行为是发生在一个严格的管控框架内，也就是异性恋的二元架构内的。性别不是我们所是的东西，而是我们的所作所为，但我们不可能为所欲为。性别不是一个大衣橱，今天我们可以挑这件衣服穿，明天可以挑那件穿。不过，性别的这种限制恰恰“创立并巩固了主体”。第三，重复的行动不是一次两次，而是一个持续终身的“计划”(project)。比如，日常生活中，我们在夸奖男人时会说：“干得不错，像个男人”。这个“像”字恰恰就反映出性别不是与生俱来的属性，而是我们要通过不断地努力去达成的一种目标。在这种做的过程中，我们经常有可能面临失败，变得“不像个男人”。我们可以“像”，但却永远无法“是”。第四，所谓的性别身份只是某种身体姿态、动作和各种风格通过不断重复而建构出来的幻象，一种时

① Judith Butler, *Gender Trouble: Feminism and the Subversion of Identity*, pp. 31-32, 130, 153.

② Sarah Salih, *Judith Butler*, p. 62.

间的沉淀,具有历史的偶然性。“性别既不是真实的,也不是虚假的,既非原创的,也非衍生的。”性别转变的可能性就存在于重复行动之间的任意性,重复失败的可能性,或暴露其建构性的戏仿式重复。①

巴特勒以扮装(drag)这种性别戏仿为例,说明试图判断性别的真假其实是一种不可能完成的任务。一般认为性别化的外表表达了某种内在的性别本质,如女性化的外表是女性内在的阴柔本质的表达。但我们却无法用这种表达模式来理解扮装,即男扮女的反串表演。扮装者一方面可以说“我的‘外在’面貌是女性,但我‘内在’的本质(即我的身体)其实是男性”。另一方面又可以说“我的‘外在’面貌(即我的身体,我的性别)是男性,但我的‘内在’本质(真正的我自己)其实是女性”。这两个相互矛盾的关于性别真相的主张,使我们无法再用表达模式来判定扮装者的性别身份。女性主义理论通常认为扮装、易装或是女同关系中 T(指性格或装扮偏男性化的一方)的着装风格要么是在贬低女性,要么就是在不加批判地挪用异性恋实践中刻板的性别角色。但巴特勒却认为,扮装虽然创造了一个统一的、可信的“女人”形象,但它同时也让我们看到了性别其实是一个“管控性的虚构”(regulatory fiction),“通过模仿性别,扮装暗示了性别本身的模仿性结构——以及它的历史偶然性”。② 巴特勒认为,“对性别问题而言,重要的不仅是要理

① Judith Butler, *Gender Trouble: Feminism and the Subversion of Identity*, pp. 45, 191-193.

② Judith Butler, *Gender Trouble: Feminism and the Subversion of Identity*, pp. 186-187.

解有关性别的标准是怎样形成的、自然化的，并被作为假设而建立起来的，而且要追寻二元性别体系受到争议及挑战的那些时刻，要追寻这些范畴的协调性遭到质疑的那些时刻，要追寻性别的社会生活表现出柔韧性、可变性的那些时刻”。[①] 而扮装就是这些危机、脆弱时刻的体现。

巴特勒的性别操演理论和扮装的例子引起了不少误解。虽然《性别麻烦》中关于扮装的论述很少，但扮装却被屡屡当作操演性和性别颠覆的最佳例证，“甚至推动了某种‘戏仿政治’（politics of parody）的出现”。[②] 为此，巴特勒不得不反复澄清和修正自己的观点。她坚决反对将表演（performance）和操演性（performativity）混为一谈。戏剧性的性别表演假设人们可以根据自己的意愿来选择自己想要扮演的性别。而且还预设了一个可以做出选择的主体存在，这个主体可以不是其所表演的性别。但操演性是对规范的重申，这个规范是先于操演者存在的，限制并超越了操演者，它不是操演者的“意志”或“选择”的产物。[③] 在《性别麻烦》中，巴特勒也提到：“性别总是一种做（doing）”，但这个做的动作却不是一个先于行动存在的主体发出的。不存在一个躲在性别表达背后的性别身份，性别身份就是由被误认为是结果的性别表达操演性地建构起来的。此外，巴特勒明确指出，扮装并非就是颠覆性别规范的范

---

① 朱迪斯·巴特勒：《消解性别》，郭劼译，第 221 页。

② 杨洁：《酷儿理论与批评实践》，北京：中国社会科学出版社，2011 年，第 62～63 页。

③ Judith Butler, *Bodies That Matter*: *On the Discursive Limits of Sex*, New York: Routledge, 1993, p. 234.

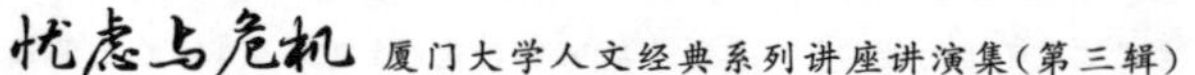

例。她也没有兴趣去讨论哪些性别行动是颠覆性的,哪些不是的,因为这些判断无法脱离具体的语境。她引用扮装的例子只是意在"揭露性别'现实'的脆弱本质,以对抗性别规范所施行的暴力"。①

三、当下中国的"性别麻烦"与女权主义

近两年,中国的女权主义者通过微博、微信等新媒体工具正在获得前所未有的社会能见度和舆论影响力。女权主义者所制造的各种"性别麻烦"也层出不穷,如 2013 年,"北外性别行动小组"所发布的"我的阴道说";2015 年 2 月,女权团体对涉嫌性别歧视的羊年春晚的联名抵制。以肖美丽、赵思乐为代表的一批 85 后"青年女权行动派"②的崛起,不仅为女权运动带来了新血和活力,也强化了其抵抗色彩。那么,巴特勒的《性别麻烦》一书能为中国当下日益高涨的女权运动提供哪些启发和洞见呢?

首要的启发恐怕就是对异性恋规范所导致的性别暴力的反思。受维蒂格的"异性恋契约"(heterosexual contract)以及瑞奇(Adrienne Rich)的"强制性异性恋"的启发,巴特勒发明了"异性恋矩阵"(heterosexual matrix)的术语。这是"一种霸权性的理解性别的话语/认知模式",一个"文化可解性(cultural intelligibility)的

---

① Judith Butler, *Gender Trouble: Feminism and the Subversion of Identity*, pp. 34, xxv.

② 袁凌:《女权新生代:持剑的美人鱼》,《Co-China 周刊》190 期,2015 年 2 月 17 日。

网格，通过这个网格，身体、性别和欲望都被自然化了”。[①] 异性恋矩阵在性、性别和性欲之间编织了一条天衣无缝的符号链。男性必须具有阳刚的男性气质，女性则必须具有阴柔的女性气质；男人的欲望对象只能是女人，女人的欲望对象也只能是男人。男女两性不仅构成了一个二元对立，这个对立还是等级化的，男人/阳刚气质总是高于、优于女人/阴柔气质。作为强制性的异性恋矩阵中的生存策略，“性别是一种具有明显的惩罚性后果的表演”，是个体之所以“为人”的重要部分。任何把性别做错了的人，都会受到社会的惩罚。[②] 因此，那些扰乱、超出异性恋矩阵的人或行为，如同性恋者、跨性别者、男人婆、娘炮、异装癖，都会丧失其文化可解性，被当作不可思议的、非自然的、反常的、病态的存在而遭到主流社会的排斥和惩罚，甚至被剥夺生命。巴特勒在其访谈中屡次提到了美国发生的一起虐杀事件。一位缅因州小镇的年轻人，仅仅因为走路姿势比较女性化，臀部会像女性一样摇摆而被几个男同学从桥上扔到河里，活活淹死。

类似的性别暴力也充斥着整个中国社会。2012 年，第一份中国性少数群体的校园欺凌调查报告显示，“77%的受访者曾遭遇 17 类基于性倾向和性别身份的校园欺凌，甚至不乏暴力及性骚扰”。其中言语攻击最为常见，大约 44%的受访者有此类经历。10%的受访者曾经遭受过来自同学直接或间接的身体攻击，还有

---

① Judith Butler, *Gender Trouble: Feminism and the Subversion of Identity*, p. 208.

② Judith Butler, *Gender Trouble: Feminism and the Subversion of Identity*, p. 190.

7.6%受访者遭受过来自同学和老师的性骚扰。① 针对性别身份的话语暴力在大众文化中也极为普遍。2005 年超女比赛的冠军李宇春,多年来就一直承受着"不男不女"、"人妖"的污名。甚至有网民发明了"春哥纯爷们、铁血真汉子"、"信春哥、得永生"等一系列恶搞式话语来发泄他们的性别焦虑和不满。李宇春被嘲弄的表面原因是她作为一个生理上的女性,其身体却没有体现出足够多的女性特征("不像个女人"),如胸不够大、不爱穿裙子、嗓音略微低沉。更深层次的原因则是她独立、自信、不屈从、不讨好的人格魅力,颠覆了小鸟依人、顺从柔媚的传统女性角色("没有女人味儿"),并吸引了大量狂热的女性粉丝。一个让女人着迷的女人不可避免地让异性恋男人感受到强烈的竞争"性"威胁。

其次,巴特勒对女性主义宗旨的阐释,有助于澄清中国公众(包括知识女性)对女权主义理论学说和政治实践的误解。尽管巴特勒是公认的酷儿理论的奠基人之一,但她却声称自己首先是一个女性主义理论家,然后才是酷儿理论家或男女同性恋理论家。② 在 2004 年出版的《消解性别》一书中,巴特勒明确提到:"女性主义总是在思考着生死问题","探讨我们如何组织生活,如何给生活/生命赋予价值,如何保卫生活/生命、抵御暴力,如何强制世界及其

---

① 《同性恋学生遭遇校园欺凌不乏暴力及性骚扰》,《南方都市报》2012 年 5 月 23 日,http://www.danlan.org/disparticle_40195.htm。

② Judith Butler, Peter Osborne and Lynne Segal (Interviewers), "Gender as Performance: An Interview with Judith Butler", http://www.eg http://www. egs. edu/faculty/judith-butler/quotes/ s. edu/faculty/judith-butler/quotes/.

机构容纳新的价值观”。[①] 巴特勒在伊拉克和阿富汗战争中的反战态度，她在占领华尔街运动中对社会公平和经济正义的呼吁，她在巴以冲突中对以色列占领者的批评，她在美国黑人青年被枪杀事件中对种族暴力的反思，她与残障活动家 Sunaura Taylor 关于身体和残障的对话，都是在践行这种人道主义理想，捍卫那些处于边缘、底层、漠视和压迫状态的生命。

1990 年代以来，中国女权主义一直都被男权社会视为异类。尽管女权主义者小心翼翼地将自己包装为“微笑的”女性主义者（荒林语）或“不咬人的女权主义者”（戴锦华语），她们还是被怀疑在煽动对男人的仇恨，争夺男人的饭碗，剥夺男人的权力。女权主义被曲解为两性之间的战争，男人与女人的竞争。如女诗人巫昂就曾向媒体坦承：“女权主义说真的，挺吓人的，就跟男人也不喜欢提到男权一样，将两个性别放在对立的预设里面，然后争夺所谓的控制权，这个东西太讨厌了。”[②]然而，根据巴特勒对女性主义的阐发，女权主义要做的就是对“男人/女人”二元身份的质疑，探究这种分类体系是如何形成的，并主张我们需要“把性别问题和种族、阶级、地区发展等各种作为区分‘人的资格’的概念隔栅联系在一起加以思考”[③]。这些区分和规范都在以不同而交汇的方式限定着生活/生命的可能性。女权主义所为之奋斗的不仅仅是女性的

---

① 朱迪斯·巴特勒：《消解性别》，郭劼译，第 210 页。

② 伍勤、吴亚顺：《女权主义者的圆桌会议》，《新京报》2015 年 3 月 7 日，http://www.bjnews.com.cn/book/2015/03/07/355469.html。

③ 范譞：《跳出性别之网——读朱迪斯·巴特勒〈消解性别〉兼论“性别规范”概念》，《社会学研究》2010 年第 5 期。

权利,更是通过建立一个相互尊重和支持的伦理世界,来保障所有因各种原因而处于社会边缘和底层的贱斥者的权益。

在本文的最后,我想通过对80后偶像韩寒的一句"名言"的话语分析来说明在中国的语境中,像巴特勒那样关注"可活的生命"到底意味着什么。韩寒的名言与周国平对女人"天性"的"赞美"①一样成问题,但却一直未能引起女权主义者的警惕和批判,反而在公众中赢得了不少喝彩。

2009年,韩寒在接受《南都周刊》采访时,声称自己与郭敬明并非同一类人,且"最关键的是我觉得我和他男女有别,没有什么可比性"。韩寒还说:"我除了钱比他少外,所有都比他强……可能他的东西在90后那里有吸引力,尤其对于城乡接合部的孩子。"②韩寒的言论以一种极其简单粗暴的方式揭示了中国社会根深蒂固的厌女主义情结。在异性恋矩阵的语境中,男女两性的区别并不是一种简单的性差异,并不是"我的手大,你的手小"这样的中立判断,而是渗透着价值评判和文化等级。性差异总是已经暗含着男强女弱、男尊女卑的社会歧视。女性身份不仅仅是一个性别身份,一个实体性的名词,用来指代拥有某种生理特征的人,它更是一个形容词,一个低下、劣等的标签,可以用来描述任何被男权社会贬

---

① 2015年1月,周国平在微博中写道:"一个女人,只要她遵循自己的天性,那么,不论她在痴情地恋爱,在愉快地操持家务,在全神贯注地哺育婴儿,都无往而不美。"周国平随后遭到女权主义者的强烈抨击,被指责为自恋的男性知识分子、直男癌的代表,给女性灌心灵鸡汤的"隐性"压迫者。

② 《韩寒:我和郭敬明男女有别》,http://www.infzm.com/content/36726,2009-11-02。

低的人和事。

性别歧视也不仅仅是一种针对性别身份的歧视，它可以衍生、转化为其他多种形式的社会歧视。比如韩寒的言论中除了赤裸裸的性别歧视，还隐含着阶级歧视和城乡歧视，因为这些歧视都是同样一套二元对立、等级化的、排他性的话语—权力机制运作的结果。仅以十多年来，韩寒和郭敬明这两位80后偶像的媒介表征而言，我们就可以看到这种话语机制如何不断地将韩寒标记为精神的（“精神领袖”）、公共的（“公民韩寒”）、道德的（“当代鲁迅”），而将郭敬明再现为物质的（“商人郭敬明”）、私人的（“私人写作”）、贪婪的（“文坛小偷”）。而这一套二元标记恰好也可以用来区分男性和女性。也就是说，韩寒所谓的“我和郭敬明男女有别”，其实不过是在重复征引媒介话语中潜伏已久的性别歧视，并将这种歧视公开化了。

韩寒式的性别歧视，就如同一个不服气又比不过的小男生叫嚷着“好男不和女斗”一样俗套而可笑。然而这正是阿伦特所说的“平庸的恶”。[①] 平庸是因为这种歧视已经渗透到整个社会的肌理，成为一种正常化的、习而不察的仪轨（routine），即便是被捧为“公共知识分子”的韩寒以及韩寒的同类们，也对这个问题丧失了批判性思考的能力，盲目顺从主导的性别规范。邪恶是因为它所

---

① 巴特勒曾于2011年在《卫报》上发表了一篇文章，阐述阿伦特的“平庸之恶”的概念。参见 Judith Butler, “Hannah Arendt's challenge to Adolf Eichmann”, http://www.theguardian.com/commentisfree/2011/aug/29/hannah-arendt-adolf-eichmann-banality-of-evil, 29 August, 2011. 巴特勒兼任了欧洲高等学院的汉娜·阿伦特讲座教授。

累积起来的力量是毁灭性的,已经导致了比犹太大屠杀更令人恐惧的后果。从20世纪80年代开始,中国的出生人口性别比开始持续攀升,在2008年甚至达到120.56。而国际社会公认的比值是103到107之间。[①] 这意味着,上千万的女婴仅仅因为是女性,仅仅因为生理构造和男性不一样,就被剥夺了出生的机会,丧失了成为人的权利。

女权主义重要,因为它帮助我们思考身份分类系统,这套系统规定了什么人可以获得承认和尊重,过上有价值的生活,什么人将遭到排斥和贬低,不被当作人看(如"牛鬼蛇神"、底层打工者、女人、"残废"),甚至根本不允许成为人。

---

① 《中国出生人口性别比严重失调男女比118:100》,http://www.chinanews.com/gn/2012/05-27/3918408.shtml,2012年5月27日。

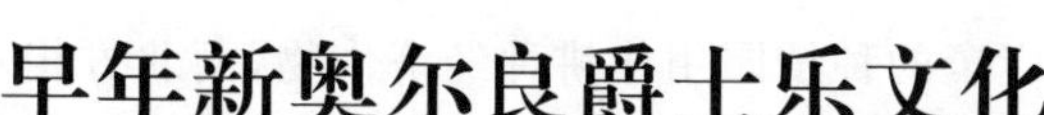

早年新奥尔良爵士乐文化

王　珉

美国新奥尔良这个地区蕴含着特有的历史文化元素，尤其是族裔文化，这种文化与当今被视为美国人的“古典音乐”——爵士乐的产生背景，以及后来爵士乐在美国的发展脉络，有着密不可分的联系。即使在爵士乐以它特有的音乐乐风在世界许多地区相当流行的今天，新奥尔良仍被看作是爵士乐文化的重地而被世界瞩目，这一点也说明，这个地区对爵士乐而言，有其非同一般的文化特质。美国当代著名纪实片导演肯·伯恩斯(Ken Burns)对此评价不无道理：“爵士乐在千百个地区发展成型，但是它诞生在1800年代初期的新奥尔良，那里是美国最具国际化、最具音乐化特质的城市。”这是伯恩斯在他2000年执导的PBS(美国公共广播公司)《爵士乐》系列片中的精辟论述。我想借伯恩斯所言，围绕着这座“最具国际化、最具音乐化特质的城市”，从殖民文化、种族文化这两方面来讨论新奥尔良究竟以何种特殊性和音乐魅力，造就了别具一格的爵士乐文化形象。

让我们先了解有关美国早期蓄奴制与新奥尔良地区奴隶制的问题。美国蓄奴制起源于英国殖民者定居于北美新大陆的弗吉尼亚州。1660年之前，奴隶制主要分布在南部地区，因为南部拥有广袤的种植园用作耕种经济作物,而北方相对来说,农耕土地较为稀少,因此,蓄奴制在南方地区非常普遍并且极为猖獗残酷。当时,英国殖民地种植园的劳工不管是白人还是黑人,他们都是以契约奴身份为种植园主卖命干活,他们的地位与奴隶几乎没有区别。在受奴役期间,契约奴属于种植园主的私有财产,他们没有人身自由,没有主人许可不得离开种植园,吃喝拉撒所有活动,都限制在园区内。他们常被主人鞭笞,甚至任意被转卖给其他主人。1660年以后,随着种植园扩大烟草种植面积,以及南方各个英国殖民地相继实行蓄奴制,白人种植园主开始从西非大量引进黑奴填补劳力短缺,从这时期开始,种植园里黑奴劳工逐渐多了起来,最终完全由黑人奴隶替代了先前的契约奴。1661年,弗吉尼亚通过北美第一部永久性黑人奴隶制法律,法律明言,男女黑奴未经奴隶主同意不得结婚,他们生育的子女也将终生为奴,而且黑奴可以被自由买卖。紧随其后,北美其他殖民地纷纷效仿弗吉尼亚法律。

1808年,美国颁布禁止贩奴法案,政府联合军队开始严厉打击从非洲往美国走私贩卖黑奴,这导致从域外贩入的黑奴骤然减少。虽然贩卖黑奴遭禁止,但贩卖黑奴者却因有利可图而另辟蹊径,从其他秘密航道走私黑奴,使黑奴价格迅速上涨,从中牟取暴利。“有人计算,每个奴隶平均价格,1798年是二百美元,1815年是二百五十美元,1840年则是五百美元。”①种植园种植棉花蕴藏着巨大利润,种植园主有巨利可图,1850年代,种植园向西部拓

① 唐陶华:《美国历史上的黑人奴隶制》,上海:上海人民出版社,1980年,第34页。

展,开发棉田,到1860年,肯塔基、田纳西、亚拉巴马、密西西比、佐治亚西部、路易斯安那和得克萨斯东部,都已经成为产棉区。黑奴成为这些地区的劳工主力,贩奴价格也一路飙升,我们从肯塔基州莱克星顿1853年张贴的贩奴广告得知,白人人贩子愿意出价比当地更高的价格购买黑奴,从肯塔基州贩至新奥尔良黑奴市场:一名男性青年黑奴的身价高达1250美元,即便是一名女性年轻黑奴也需1000美元。从这一点,也说明在19世纪中叶新奥尔良已经聚集了庞大的黑人人口。

针对贩卖到路易斯安那州的黑奴,法国殖民者早在1685年就颁布了一部《黑人法典》,明文规定禁止贩卖奴隶,禁止拆散夫妻和禁止强行使父母同幼年的子女分离。而西班牙殖民者在1769年也颁布一部《黑人法典》,它与法国殖民者早先执行的《黑人法典》大致相同,但同时又增加了新内容,包括准许黑奴通过出卖劳动力换取或者以金钱来购买人身自由。虽然西班牙的《黑人法典》也明文规定对违法黑奴施行严厉肉体处罚,但是,西班牙的《黑人法典》同时也对奴隶主有着严格规定:严禁奴隶主无故拷打黑奴,不得把黑奴父母与孩子强行分离。更耐人寻味的是,西班牙《黑人法典》还给予黑奴从未有过的自由权利,包括准许黑奴有权结婚、有权在公共场合举行不伤害他人的活动、有权在星期日不出工劳作。而且还强迫奴隶主必须对他们拥有的黑奴进行文化教育,让黑奴改信天主教。这意味着,西班牙殖民者把从非洲贩运来的黑奴也看成是人类的一员,他们有权信仰天主教,这在路易斯安那以前遭受欧洲殖民过程中是从未有过的事情。这样一来,导致路易斯安那州的非白人自由身份的有色族裔人口大幅度提升,到1830年,路易斯安那州的有色族裔,包括黑奴的受教育程度大大高于美国其他州的非白人族裔,举例来说,当时与其毗邻的密西西比州只有0.8%有色人种接受过教育,路易斯安纳州却有13.2%有色族裔接受过不同程度的文化教育,而且他们当中许多人拥有了正当职业,拥有了产业和生意,甚至许多非白人家庭都拥有黑奴。我们发现,18世纪的路易斯安那殖民地的奴隶制度和对待奴隶的章程与当时美国其他13个殖民地有着极大的不同,究其原因:路易斯安那的黑人奴隶制是在法国殖民者的政治文化环境中滋生建立起来的,后由西班牙殖民者依旧按此模式扩张奴隶制,给予黑奴在社会中应有的生存自由度。而其他13个殖民地则完全由英国殖民者来统治,这些地区从英国殖民的最开始,蓄奴制的模式与路易斯安那殖民地推行的奴隶制就存有不同。从美国早年废除蓄奴制文献中常见到的一张著名照片上面记录黑奴遭遇暴打的报道,我们也可窥知路易斯安那州种植园主对待黑奴的态度与南方其他州的确存有不同:1863年4月2日路易斯安那州《巴吞鲁日报》刊登一张黑奴惨遭毒打的照片,记者为此还加注标题《被鞭笞的黑奴》,并在照片上有题字:"监工头阿塔佑·卡利尔用鞭子抽打我,由于鞭笞伤痛,我卧床两个月。我被抽打后,种植园主来看望过我,他解雇了那个监工头。"①

下面,我们来分析一下早年新奥尔良三易其主留下的特殊族裔文化现象,对这个城市爵士乐的形成所铸成的音乐基础。我们

---

① 现藏美国国家档案和记录管理局(National Archives and Records Administration),编目号533232。

知道，路易斯安那州在18—19世纪经过三易其主，法国和西班牙的殖民文化历经一百多年在此地根深蒂固。在1685年之前，路易斯安那这块领地是印第安人的地盘，后来法国殖民者捷足先登，最先进入路易斯安那，由法国人殖民统治60年（大致1700前后—1763），再后来，西班牙人接班霸占路易斯安那40年（大致1763—1803）。当西班牙在北美的霸权势力逐步消亡时，力不从心的西班牙霸主在1803年把路易斯安那不得已又归还给法国。但是由于拿破仑在欧洲战场连连失利，他已无力再把持路易斯安那这块领地，于是同年法国人把路易斯安那又转手卖给了美国，史称“路易斯安那购地案”。1803年，美国以每英亩低于三美分价格向法国购买超过529911680英亩土地（约合2144476平方公里，即1平方公里7美元的价格），该交易的总价为1500万美元或相当于8000万法郎，如以国内生产总值相对比例计算，此数在2004年相当于4178亿美元。购地所涉土地面积是今日美国国土的22.3%，与当时美国原有国土面积大致相当。其中路易斯安那州著名的海港城市新奥尔良也从1803年起，才真正成为美国的领土。

在美国政府1803年从法国殖民者手中买下路易斯安那州之前的百余年时间里，新奥尔良作为南方最大的港口城市，构成了三方鼎立的族裔人口结构——白人、克里奥尔人、黑人。到18世纪晚期，日渐热闹的新奥尔良“美国巴黎”的美誉已传向外界，用法语上演的歌剧、戏剧、音乐会，各种法文报纸充斥整个城市，这里已成为真正由法国文化传统滋养发展起来的美国移民城市。到1810年前后，新奥尔良一半以上人口是来自非洲的自由黑人和黑奴以及当地克里奥尔人，社会中的其他成分主要是由法国、西班牙后裔纯白人所组成。在当时美国其他 13 个殖民地,尤其是在南方,除了白人以外,只要是黑人母亲生的孩子,不管这些后代带有多少比例的黑人血统、含有多少比例的欧洲人祖先血统,一概被视为黑奴,按照当地法律,他们将终生为奴隶,没有任何自由人的权利。而在新奥尔良,情况则完全不同。到 1850 年之前,法国人和西班牙人在新奥尔良占有社会最高地位,后来又涌入爱尔兰、德国和意大利这些欧洲白人种族的移民。而作为自由人的克里奥尔人虽然与纯种白人有着等级分明的差别,但他们却能与白人平分天下,他们同白人一样,享有白人社会认定的尊荣和高贵、奢侈和时尚。在社会中,克里奥尔人拥有仅次于白人拥有的大部分自由人权利,他们自视为仅次于白人等级的二等公民,其后代一般都是在克里奥尔人社群中通婚,因此他们混血肤色没有显得如非洲黑奴皮肤那么的黝黑。克里奥尔人感觉自己的面相大有欧洲人特征,高耸的眉骨、深陷的眼窝、笔直的鼻梁,这也成为克里奥尔人自以为清高,具有社会认同感的本钱,他们高傲自负。克里奥尔混血儿后代不属于奴隶阶级,他们继承老子衣钵,爱憎分明不含糊,总是站在白人立场上鄙视纯非洲血统的自由黑人和黑奴。换句话来说,克里奥尔人是处于白人和黑奴社会等级之间的自由人阶级。就是这样一个荒唐的种族理由,让克里奥尔人在一个特殊的年代、特殊的地区和特殊的族裔阶层,名正言顺地搭上了白人种族的过山车。

何为克里奥尔人(Creole)?按照当年惯例理解,就是在新奥尔良出生的孩子,他们的父亲是白人(法国人或西班牙人),而母亲是非洲黑奴。这些克里奥尔人家庭大都居住在白人社区,他们当中许多家境殷实,秉承法国人的生活传统,讲法语,雇佣黑奴打理

家中琐事,并且要求家中黑奴仆人也必须讲法语。克里奥尔人具有强烈的天主教信仰,上白人学校,孩子们从小接受较好的美育教育,包括学习欧洲古典音乐和美术。许多克里奥尔人都有着体面的职业,有的甚至优于许多白人,不乏有克里奥尔人做政府官员、律师、医生、音乐家、画家和赚大钱的商人和手艺人。有的克里奥尔人事业发达,甚至当上了种植园主,在新奥尔良郊外拥有万顷土地的种植园,买下上百黑奴。许多克里奥尔家庭的子女不仅受教育程度高,而且艺术修养也很高,他们多才多艺,绘画、音乐都有一套。几乎所有克里奥尔人家中都有钢琴,聘请音乐教师培养孩子学习欧洲古典音乐是每个家庭必做的功课,一些富有的克里奥尔人家,还把子女送到巴黎的音乐学校学习音乐。对此,一位美国作家的调侃既幽默也现实:"在一定程度上,多元化的美国人'美国化了'新奥尔良和克里奥尔人。同样在一定程度上,新奥尔良也'克里奥尔化了'美国人。"①但是也不可否认,在那个年代的新奥尔良,克里奥尔人大都勤奋努力、吃苦耐劳,更为崇尚法国传统文化的家规理教,他们比白人家庭更加注重家庭文化生活,对子女的教育舍得投资。他们确实具有努力向上的做人品格,他们确实通过奋斗而事业有成,这就是当年路易斯安那州的特有族裔——吃穿不愁、幸福满满、一帆风顺的克里奥尔人。

在美国南北战争(1861—1865)爆发之前,新奥尔良出现的一

---

① Reid Mitchell, *All on a Mardi Gras Day: Episodes in the History of New Orleans Carnival*, Cambridge: Harvard University Press, 1995, pp. 25-26.

些音乐文化现象独领风骚，当地许多新生事物与爵士乐起源和发展息息相关，这个问题仍然与新奥尔良特殊的族裔成分有着必然联系。关于这点，首先要提及的是新奥尔良黑奴的音乐生活。18世纪的路易斯安那是法国人和西班牙人缔造的殖民地，当地政府准许自由黑人和被奴役黑奴星期天休假，并于1817年通过决议，在市区外围一个荒废的公园场地专门为黑人和其他有色族裔开辟一个广场，后被称为“刚果广场”。每逢星期天，黑奴便从四处聚集在这里唱歌跳舞，演奏乐器，而许多白人也经常赶来观赏。这个“刚果广场”成为繁荣黑人音乐的世外桃源，以至于“刚果广场”的音乐活动享誉全美国。在那个年代，这是一件非常了不起的事情，在美国其他任何一个城市，任何一个地点，还没有一个由政府官方批准的、专门为黑奴和有色人种提供表演音乐的公共场所。请不要忘记，那是发生在1817年的新奥尔良，此时整个南方蓄奴制从乡村到城市仍十分嚣张霸道，牛马不如的黑奴生活极其悲惨，离林肯总统南北战争期间(1863)颁布《解放奴隶宣言》还有45年之遥！这在当年的美国其他任何城市里都不可能出现的新鲜事儿，却在新奥尔良闪亮登场。即使今天换位思考一下，仍让人感到不可思议。百年之后，“刚果广场”人声鼎沸的音乐景象，被美国擅长创作黑人画作的卡通画名师凯姆布尔记录下来，创作了题为《18世纪晚期刚果广场黑人歌舞》的版画，它经常被美国官方用来作为描述

当年新奥尔良“刚果广场”黑人音乐活动的美术杰作，刊登在各类文献当中。①

新奥尔良爵士乐的雏形是由黑人乐手一手创造的。最迟在19世纪初，新奥尔良地区就出现了由自由黑人和黑奴乐手三五成群组成的铜管乐队，他们常出现在送葬队伍当中，在行至墓地过程中演奏忧伤哀怨的圣歌曲调，最为流行的曲目是《上帝离你更近》(Nearer, My God, to Thee)，这是一首家喻户晓的基督教圣歌，有许多演唱版本，早年新奥尔良黑人铜管乐队以此曲调为蓝本即兴演奏，为肃穆庄重的葬礼渲染气氛。当葬礼结束乐队离开墓地时，按照传统，乐手们会在返回途中，又三五成群自由分组，演奏欢快热闹的圣歌曲调，《他到处游逛》(Oh, Didn't He Ramble)是当年此类活动中常听到的乐曲，后来，该曲经不断完善，掺入拉格泰姆元素，成为新奥尔良爵士乐当中一首经典曲目传遍全美。

新奥尔良得天独厚的海港贸易使得经济发展喜人，让这个早已名声在外的“美国巴黎”城市在大众音乐娱乐方面锦上添花。当时新奥尔良已经拥有三支完全由当地黑人乐手召集起来的大型音乐团体，包括黑人军乐队和黑人爵士乐队，他们演奏水平不凡，在孟菲斯、芝加哥、纽约等大城市颇有影响。另外一个是由100多名清一色黑人音乐家组成的交响乐团，他们在新奥尔良举办音乐会，

---

① 爱德华·温瑟·凯姆布尔(Edward Winsor Kemble, 1861—1933)曾为马克·吐温著名小说《哈克贝利·费恩历险记》创作插图。凯姆布尔创作《18世纪晚期刚果广场黑人歌舞》(Dance in Congo Square in the late 1700s)版画初衷，是为1886年2月美国《世纪杂志》有关新奥尔良广场黑人音乐活动约稿而作。

演奏欧洲古典音乐和黑人音乐,成为黑人观众的音乐宠儿。而以法国文化传统自封的新奥尔良白人音乐家也不甘示弱,早在19世纪初期就组建了完全由白人音乐家组成的交响乐团,专门演出欧洲古典音乐和歌剧,并且还拥有法国建筑风格的大型歌剧院及多处音乐厅。生来具有音乐天赋的克里奥尔人,在这种欢腾的音乐大卖场中更要大显身手,一支克里奥尔人交响乐团横空出世,演奏员都是新奥尔良当地克里奥尔人,他们跟随当地法国歌剧院乐团的演奏家学习乐器,有的乐手还在欧洲音乐学校接受过专业训练。克里奥尔人交响乐团财大气粗,拥有专职作曲家和指挥家,而且还拥有一个由克里奥尔"土豪"出资建造的大型剧院,供克里奥尔人交响乐团演出歌剧和交响乐。乐团演出水平不仅闻名全美,而且还经常出走欧洲国家演出西方古典音乐,折服了欧洲人,可见克里奥尔人的音乐演技和音乐热情在当时的美国确实非同一般。

然而天有不测之风云,克里奥尔人好景不长。南北战争结束之后,南方各州再度掀起种族歧视恶浪,路易斯安那州也效仿其他州做法,于1890年立法规定,在本州内所有公共场所和设施全面实行种族隔离措施,包括饭店、剧院、火车、轮船等等,黑人被禁止同白人一起就餐、看戏,黑人不准同白人共享一个车厢、船舱和旅馆,甚至连妓院、赌场、澡堂、洗手间也分隔出"黑白间",种族隔离泾渭分明。这不仅让生活在新奥尔良的黑人雪上加霜,备受种族歧视,克里奥尔人的社会地位也一落千丈。白人社会抛弃了这个特殊族群,不管他们的肤色深黑、浅黑还是灰白黑,也不管他们占有四分之一还是八分之一或者是十六分之一欧洲血统,统统被视为与刚获得自由的黑人为同一阶层。打那时候开始,新奥尔良克

里奥尔人万万没想到，他们因拥有黑人血统竟然也被完全彻底地划入到黑人战壕，与黑人比肩平坐，被不可一世的白人种族主义者视为下等公民。而且事态愈演愈烈，曾经趾高气扬的克里奥尔富人、商人、文化人、音乐人，统统失去了财产沦落为穷人，昔日名声显赫的克里奥尔人交响乐团也因失去了剧场不欢而散，当年沾沾自喜的克里奥尔作曲家再也没人约稿，曾经创作的音乐大作也变得一文不值，再也没人赏听。这一切，似乎在告诫新奥尔良人，世道又要大变脸啦，种族歧视加仇恨又要卷土重来啦。从《解放黑奴宣言》中获得自由的黑人也不得不正视眼前的残酷事实，他们也将重遭二茬罪。当甚嚣尘上的黑色种族阴霾笼罩新奥尔良时，从未被视为黑奴的克里奥尔人毫无思想准备，但他们却要饱尝一回遭受种族歧视的滋味，挑战克里奥尔人心理承受极限的时刻，已为期不远。

当 1890 年代在克里奥尔人还没有被贬低至与黑人为伍之前，一百多年高调的法国、西班牙殖民文化为克里奥尔人在新奥尔良创造了优越的生存环境，让他们子孙几代人从中受益，特有的家风传统和混血基因，给这个种族培育了特有的聪明智慧。在音乐方面，许多克里奥尔人具有精湛的表演技艺，铜管、木管、打击乐器样样在行，演奏钢琴更是出手不凡。基于在新奥尔良常年生活体验，克里奥尔人也谙熟当地黑人音乐。虽然眼下世道大变脸让克里奥尔人失掉了往日的光鲜荣耀，但他们代代所接受的法国文化修养和音乐教育在这个特有族群当中已深深扎根。被改变了命运的克里奥尔人，与黑人在同甘共苦的生存环境中并道前行，这也给爵士乐的出道创造了极好的发展条件。克里奥尔乐手娴熟的古典音乐演奏技能与黑人音乐家狂放不羁的布鲁斯和拉格泰姆音乐风格，两派音乐技法相互交融，合二为一，演绎出新奥尔良特有的爵士乐风格。

除此之外，19 世纪末新奥尔良出现了一处出人意料的偌大的精彩场所，那就是 1897 年年末在新奥尔良开张的红灯区，它地处新奥尔良圣路易斯第一公墓西北角，方方正正的一大块街区，共有横七竖八 16 条大街 38 个街口。这个红灯区开办 20 年，客观上，对当地爵士乐的发展成型起到了推波助澜的作用，为黑人爵士乐音乐家提升他们的演技创造了“练武”条件。红灯区的出现事出有因：19 世纪晚期，随着新奥尔良文化娱乐产业不断繁荣，色情服务业也扶摇直上，每当夜幕降临，市中心繁华地段浮现出各种肤色的浓妆艳抹的妓女，如同街头大排档一字排开，沿街亭亭玉立，兜搭嫖客。进入 1890 年代，新奥尔良妓女行业名扬南北各地，嫖客趋之若鹜，日渐增多的卖身女把市容搞得乌烟瘴气，大煞风景，市民纷纷向政府抱怨，强烈要求加以整治。市议员斯托里向当地政府献上一计，开辟一个专门区域，把所有色情场所集中到一个地区，以便有效管理。① 他的提议与政府想法一拍即合。市政府借鉴德国和荷兰色情业管理模式，在 1897 年通过议会立法，将上述地段规划为娼妓、妓院合法化的红灯区。后来美国人以这位议员姓氏

① 奥尔德曼·悉尼·斯托里(Alderman Sidney Story)是这个红灯区的创始人，他以市政府议员身份亲自起草法律文书，并获得政府批准，明文规定所有从事妓女职业的女性从 1897 年 10 月 1 日起，不得在红灯区以外任何地方从事娼妓活动，否则将以违法处置。于是，新奥尔良红灯区成为当时美国唯一一个合法红灯区名扬全美。

取名，把这个红灯区笑称为 Storyville District，即臭名昭著的“思多丽村”。在这风水宝地的红灯区簇拥着多达 2000 名妓女，红灯区大小街区夹杂的各式各样的酒吧、夜总会、舞厅也彻夜不眠，人满为患，那里成为当地黑人爵士乐手和小型爵士乐队大显身手的好去处，他们在那儿通过演奏爵士乐赚钱糊口。在这笙管齐鸣的红灯区，黑人爵士乐手要想保住饭碗，他们必须在众多乐手龙争虎斗的激烈竞争中，拼命操练演技，创新演绎风格，只有演技超群的爵士乐高手才有机会在“思多丽村”立住脚跟，获得老板的雇佣，赢得客人的小费。因此，比试爵士演技的淘汰制便自然生成，没人为此立下行规，但所有来此地混碗饭吃的乐手都明此理，选优淘劣，因此，当年只要能在“思多丽村”滚打摸爬出来的爵士乐手，他们一定是爵士乐演奏高手，这无疑对提高新奥尔良爵士乐的艺术品位起到促进作用。从历史上来看，许多被认可的新奥尔良优秀爵士乐手，他们当年大都在“思多丽村”千锤百炼过。生意兴隆的“思多丽村”红灯区，也让驻扎新奥尔良港湾的美国海军大兵情欲难按，许多兵嘎子不从军令也去“思多丽村”淘性福，造成军心涣散，败坏了军风。此事让美国海军司令部大为光火，于是向新奥尔良政府传下军令：关闭红灯区。1917 年 10 月，曾被市政府认可的“思多丽村”终于消停。但是，这个风花雪月 20 年的快活林，的确也是一个货真价实演练爵士乐的大舞台，为新奥尔良培养了一批黑人爵士乐高手。

进入 20 世纪头二十年，新奥尔良层出不穷的黑人爵士乐高手林立，他们活跃在当地舞厅、酒吧和各类夜总会上，户外派对庆典和行进的葬礼队伍中，也少不了黑人爵士乐队的身影。而土生土长的新奥尔良白人爵士乐手也跃跃欲试,虽然在黑人娱乐场所很难寻觅到他们演奏的踪迹,但是在白人社交场合中却常有白人爵士乐队前来助兴。他们的演奏水平无法与黑人乐手相媲美,但白人种族歧视对黑人爵士乐的偏见,已经冲破了种族底线。其中有一只由新奥尔良当地白人青年乐手组建的五人爵士乐队,虽然与许多优秀黑人爵士乐手相比,他们的演技充其量也就是二流水平,但是这只自称为“正宗迪克西兰爵士乐队”的白人乐队,却使新奥尔良爵士乐走出这座城市,让更多美国人了解到了新奥尔良黑人爵士乐风。① 1917 年新年刚过,“正宗迪克西兰爵士乐队”从芝加哥挥师东上去了纽约,在那里让纽约客第一次赏听到新奥尔良爵士乐,并于 1917 年 2 月 26 日,在纽约为胜利唱片公司录制了美国有史以来第一张爵士乐唱片。纽约当年就已经是美国最繁华热闹的城市,文化生活气息浓郁,各类音乐大发酵,其他地方见不到的种族文化、享乐不到的娱乐场所、听不到的五花八门的音乐,在这座连魔鬼都欢畅的大都市中应有尽有。虽然那里的黑人音乐方兴未艾,但还没有人赏听到原汁原味新奥尔良爵士乐是个啥风格。在这一点,“正宗迪克西兰爵士乐队”在美国爵士乐史上留下了浓

---

① 1916 年 10 月,已经走出新奥尔良在芝加哥叱咤风云的这只白人爵士乐队,因内讧导致乐队大换血,由新奥尔良当地白人新老乐手重新组班,并取名“正宗迪克西兰爵士乐队”(Original Dixieland Jass Band),包括三名乐队元老:钢琴手亨利·拉格斯(Henry Ragas,1891—1919)、小号手多米·尼克·拉罗卡(Dominick“Nick” LaRocca, 1889—1961)和长号手埃德温·“爸爸”·爱德华兹(Edwin “Daddy” Edwards,1891—1963),以及新接纳的单簧管拉里·希尔兹(Lawrence James “Larry” Shields,1893—1953)和鼓手托尼·斯巴巴罗(Antonio Sparbaro, 1897—1969)。

墨重彩的一笔。

如何认知和定义爵士乐？作为爵士乐的根基，新奥尔良爵士乐承载了南方黑奴从非洲带来的音乐传统，并把这些黑人音乐元素与欧洲音乐元素融会贯通。最早期的新奥尔良爵士乐手来自黑人和克里奥尔人，爵士乐的听众也来自当地黑人社区，新奥尔良爵士乐手采用的是欧洲乐器，但是音乐语言和演奏风格，则完全承袭了早期黑奴音乐，最终蜕变成美国黑人独有的音乐模式，一言以蔽之，它是非裔美国黑人文化和欧洲白人文化结合的产物。当今，我们已无法用单一定义来概括美国爵士乐，爵士乐已包括多元文化元素、各种族裔音乐素材、多种演奏风格，它们或是相融贯通或是独树一帜，是唯美国特有的一种音乐艺术形式。爵士乐是美国人的古典音乐，是美国音乐文化的一个重要符号。

以今日之我与昨日之我相战

——《福建佃农经济史丛考》与《明清农村社会经济》校读

陈　瑶

傅衣凌先生曾经说过:“我和古人相反,不自悔其少作,读书得间,颇有新见杂出其间,也不惜以今日之我与昨日之我相战。”①如若先读傅先生的遗作《中国传统社会:多元的结构》,再溯时回看他1980年代、1960年代、1940年代的中国社会经济史论著,对于他的这句话,便有真切的感触,而深知其分量。

傅衣凌,原名家麟,笔名休休生,1911年5月出生于福建省福州市。1929年进入私立福建学院经济系。1930年转入厦门大学历史系。1935年东渡日本,进法政大学研究院,师从松本润一郎学习社会学,准备研究日本史,因中日关系恶化,1937年提前回国,在福建省银行经济研究室工作。1939年,傅先生在永安城郊黄历村的一间无主破屋里发现一大箱子明代嘉靖到民国年间的土地契约文书,其中有田地的典当买卖契约,也有金钱借贷字据及分家合约等,还有二本记载历年钱谷出入及物价的流水账。傅先生

① 傅衣凌:《集前题记》,氏著:《明清社会经济史论文集》,北京:人民出版社,1982年。

以永安发现的这批农村契约文书为中心，查阅一些有关地方志，从地权的转移与地价、租佃关系、借贷情况等方面系统地研究永安农村社会经济的结构，写成《明清时代永安农村的社会经济关系》和《清代永安农村赔田约的研究》；1941 年，又发表了《福建佃农风潮考略》；在 1942 年编成出版《福建省农村社会经济参考资料汇编》一书之后；于 1944 年 8 月，将前列三篇文章结集出版，编成《福建佃农经济史丛考》一书。[①]《福建佃农经济史丛考》是由福建协和大学中国文化研究会作为"《文史丛刊》之二"发行，包括《集前题记》、上编《明清时代福建佃农风潮考证》、下编《近代永安农村的社会经济关系》和《永安农村赔田约的研究》、《校后跋》几个部分。[②]这本小册子，是傅衣凌先生开创中国社会经济史学派的奠基之作，也是我国学者第一次引用民间契约文书研究中国社会经济史的著作。

1950 年代，傅先生的研究关注点和深度、广度以至理论和方法都在不断变化，转而比较侧重探讨中国资本主义萌芽问题。然而在 1958—1959 年的学术大批判中，特别是在对尚钺先生关于资本主义萌芽问题研究的错误批判中，傅先生也遭到了冲击。《明清农村社会经济》便是在这样的学术背景和思想环境下艰难编写成稿的，该书于 1961 年 11 月由生活·读书·新知三联书店出版发行第 1 版，包括《明代徽州庄仆制度之侧面的研究》、《明清时代永

---

① 傅衣凌：《傅衣凌自传》，《文献》1982 年第 2 期。

② 傅衣凌：《福建佃农经济史丛考》，福建协和大学中国文化研究会，1944 年。

安农村的社会经济关系》、《清代永安农村赔田约的研究》、《闽清民间佃约零拾》、《明清之际的“奴变”和佃农解放运动》、《明清时代福建佃农风潮考证》及《后记》等七篇文章。其中《明清时代福建佃农风潮考证》、《明清时代永安农村的社会经济关系》、《清代永安农村赔田约的研究》三篇文章是在《福建佃农经济史丛考》的基础上经过精心修改而成的。把新中国成立前后的论著汇集一书,毫不掩饰地展现前后的矛盾变化,不仅真实地反映了傅先生早期学术研究理路的变化,也让后学们有机会细细体会在当时的时代氛围下,傅先生在思想转变中经受的艰辛的心路历程。本文对《福建佃农经济史丛考》和《明清农村社会经济》相关文章进行全文校异,在阅读、查核、理解异文的基础上根据异文性质稍加分析,并尝试解释作者修改增删文稿的原因。文章若有任何错漏之处,请各位师友不吝赐教。

一、《福建佃农经济史丛考》的《集前题记》、《校后跋》与《明清农村社会经济》的《后记》

《福建佃农经济史丛考》的《集前题记》于民国三十三年(1944)元旦记于邵武,傅先生称,该书所收的三篇文章,是他那几年研究中国农村经济史的长编,刊行本书的目的与其理由有以下四个方面:

> 第一,我常想近十数年来中国社会经济史的研究,至今尚未有使人满意的述作,其中的道理,有一大部分当由于史料的

贫困。这所谓史料的贫困,不是劝大家都走到牛角尖里弄材料,玩古董;而是其所见的材料,不够完全、广博,因此,尽管大家在总的轮廓方面,颇能建立一些新的体系,惟多以偏概全,对于某特定范围内的问题,每不能掩蔽其许多的破绽,终而影响到总的体系的建立。所以近来有一般的社会经济史家颇积极地提倡经济社区的局部研究,以为总的体系的解明的基础。本书即是站在历史学的立场上,考察福建农村的经济社区的一个尝试。这一块园地,目前虽尚在试作期间,不过我相信当不会使大家感到完全失望的。

第二,在中国社会经济史的论坛上,对于秦汉以后的中国社会经济形态,异说颇多,有一派的研究者,都否认其属于封建社会的范畴之内,他们所提出的有力的证据,说是秦汉以后的中国已看不见有农奴制度的存在,所谓佃客、客户、佃户等等都为国家的自由佃农,其与地主所发生的关系,是契约的,而非为身份的隶属,这一个推论,和历史的事实是否相符合呢?我愿意提供本文所搜集的资料,让大家好好推敲一下,看看他们——主佃之间的关系,到底是怎样的呢!

第三,本书的内容,虽侧重于福建农村的经济社区的研究,然亦不放弃其对于中国社会经济形态之总的轮廓的说明,尤其对于中国型封建主义的特点的指明的责任。譬如中国封建社会史的分期和氏族制残存物在中国封建社会史所发生的作用这一些问题,从来论者都还缺少具体的说明,故本书特搜集此项有关资料颇多。惟为行文的便利起见,多附述于各编的注文中,其中所论,虽不敢说有什么创见,但为提醒国人的研究,亦不无些微意义。此点,希读者注意及之。

第四,谁都知道社会经济史的研究,应注重于民间记录的搜集,所以近代史家对于素为人所不道的商店账簿、民间契约等等都珍重的保存,利用,供为研究的素材。在外国且有许多的专门学者,埋首于此项资料的搜集和整理,完成其名贵的著作,而在我国则方正开始萌芽,本书对于此点也特加注意,其所引用的资料,大部分即从福建的地方志、寺庙志以及作者于民国二十八年夏间在永安黄历乡所发现的数百纸民间文约类辑而成,皆为外间所不经见的东西,这一个史料搜集法,为推进中国社会经济史的研究,似乎尚值提倡。①

总结起来,傅先生在这本开启中国社会经济史研究路径的书中,开门见山地提出了自己的学术见解。他所反复强调的,是看待史料的眼界、解读史料的办法和搜集史料的新途径。他所倡导的,是福建农村经济社区般的小社区的局部研究,以及从福建农村经济社区研究对整个中国社会经济形态总轮廓进行有效说明。他所关心的,是农村中佃农与地主之间的关系,并由此考察秦汉以来中国社会的性质,与当时学术界所讨论的中国社会形态演变史问题中的一些观点进行商榷。

《福建佃农经济史丛考》的《校后跋》更像是一篇日记,记录了傅先生在日常生活中对民间史料的细心收集和记录,也提示读者,在福建乡村以至中国各地城乡,诸种有重要史料价值的契约文书、

---

① 傅衣凌:《福建佃农经济史丛考》,第1~2页。

账本、碑刻只要稍加留意，便能有所发现，更需要悉心收集保存：

> 本书校印已半，我以送友江干，偶于邵武东郊外临溪的一间破庙边，获见石刻一块，倒置墙畔，其文如下：佃送主家者，照此斗式，呈奉各宪颁定送城斗式，主自往挑者，照此斗式。雍正十年十一月日公立。
>
> 按此段记事，知雍正八年邵武南乡人争斗式，虽经知府任焕酌颁定式，然纠纷实并未已，故在雍正十年十一月复有呈奉各宪颁定送城斗式、勒石立碑，以杜争端。至此石原在何处，有无附镌其他文字，及于何时被拆毁为筑墙材料，现均无从考。兹以足补上编所引邵武县志记载的缺漏，且亦有关地方文献，特附录于此。八月八日夜记于樵川寓庐。（第 78 页）

傅先生在《校后跋》中录下所见碑文，并附上简要分析，展示碑文对于本书所论问题的缺漏具有重要的补足文献的价值。这实际上是作为一种示范，再一次提醒读者，要注重民间记录的搜集、保存、整理、利用。而这一点的直接体现，是在 1961 年出版的《明清农村社会经济》正文中增补了这一通碑文资料以支持论述。

然而，到 1959 年 12 月，傅先生在北京的寓所撰写《明清农村社会经济》的《后记》时，他的思想和认识已经经历了重大的变化，立场的转变在《后记》中直白地坦陈。他在《后记》中写道，“本稿是以拙著《福建佃农经济史丛考》为基础而辑成的，原书于 1944 年由福建协和大学印行较少，因限于当时的学习条件，其中若干提法是有错误的。这次在收入本书时，曾作了自我批判，并使我进一步地认识到旧知识分子的学习马克思列宁主义,首先从改变立场始,尤其要学习毛主席的对阶级的分析的重要性。”对于史料分析的转变,傅先生接受学界的批评意见,承认本书在写作时,为提供更多的史料,颇有堆积史料之嫌,并更特别说明,原书中史料分析的关键问题在于“在引用时,不免有客观主义的倾向,特别其中关于阶级斗争的记载,都出于封建地主阶级之手,未曾删削改正”,提出希望读者阅读时予以注意。正如傅先生在新中国成立后的诸种著作中反复诉说的,1961 年版的《明清农村社会经济》的《后记》也表明自己“对马克思列宁主义的学习还很差,其中论点可能有错误之处”,但“还是如实的把个人意见写了出来”。

傅先生不仅在新著《后记》中直陈心迹,如实地披露自身思想观念和意识形态转变的历程,还通过对三篇文章内容大量而细致的修改来呈现。1944 年与 1961 年三篇文章的两个版本比较起来,后者在史料的使用和增补、分析和论述方面都有很大的改进和加强,总的来说,这次修改不论是从史料来说还是从史识来说,都是值得称道的。其中增补的史料,跟傅先生早期论著中所引用的史料一样,一部分在今天已经看不到原始文献本身了,傅先生论著替我们保存史料的意义毋庸置疑。从这一基础认识出发,我们再看两个版本的其他修改之处,便能更深刻地认识到 1961 年版处理过程的复杂性。三篇文章中,《明清时代福建佃农风潮考证》一文的修改最为显著,《近代永安农村的社会经济关系》和《永安农村培田约的研究》二文则改动之处较少,观点的修正主要体现在文末的史论部分。三篇文章,除了字词文句的常规修订疏通和新见史料的补充调整,重要的变动表现在遣词用语的定性型修正,分析立场

转变的指导下对史料的增删，舍弃中外社会经济史比较的论述，以及部分小节的重写。为行文简洁，下文提到《福建佃农经济史丛考》一书，都简写为《佃农》；《明清农村社会经济》则以《农村》代替。

二、定性农民“起义”

由于立场的改变，学习了阶级分析法，对农民反抗风潮的性质有了明确的定性，故而 1961 年版的书中，所有“出于封建地主阶级之手”的佃农“叛乱”、“乱事”、“纠众为乱”等用词都修改为“起义”、“革命”、“反抗地主”等，并对佃农风潮的负面描述史料予以处理。

所有提到邓茂七较桶事件之处，原本在阐释和分析中称“邓茂七之乱”的都改为“起义”。如，《福建佃农经济史丛考》第 14 页“自然要算明正统十三年的邓茂七之乱了”改为“自然要算明正统十三年的邓茂七起义”（《农村》第 172 页），这样的地方全部修改，可谓细致地扫遍全书，并未遗漏一处。

《佃农》第 14 至 15 页：“茂七所提出废除‘送粟’与‘冬牲’的苛例，正适合在封建制压抑下的农民的素朴的要求，故这个风潮立即扩大起来。旁近龙溪垛民、永泰客民、尤溪墟丁都闻风并起，蔓延全省，震动东南诸省，曾使封建的明朝感到极大的不安。但终为了其他社会条件的缺乏，邓茂七的叛乱，不免失败，而且连作为租佃间的障碍物的旧制度，都仍旧维持着。”这一段，在《明清农村社会经济》中，“风潮”被改为“运动”，各地叛乱民众被称为“起义军”，这一系列的活动都被称为“起义”（《农村》第 172 至 174 页）。

与邓茂七起义相关的福建各地佃农反抗地主的行为，也都被定性为“起义”。如“张六角等之倡乱”(《佃农》第 15 页)亦改为“张六角等的起义”,称其“立在闽南农村中掀起一个空前的革命高潮”(《农村》第 175 页)。

前者将自邓茂七而始的农民反抗行动统称“这个乱事,一直迁延到顺治十三年,才告结束。当时清流、明溪、连城、上杭、永安、沙县、泰宁诸地的佃农,亦均有同一的举动”(《佃农》第 18 页)。后者改为“关于这一次革命运动,分布极广,影响甚深,闽西北诸县,如清流、明溪、连城、上杭、武平、永定、永安、沙县、将乐、泰宁诸地的佃农,皆群起响应”(《农村》第 179～180 页)。

这样的定性不仅限于福建佃农风潮,对于太平天国战争的评价也顺便涉及。《佃农》提到太平天国时期福建的状况,称“其时福建所受兵祸之惨,虽不像苏浙皖赣诸省”,“然闽西北一带却屡受太平军余党的骚扰,而会匪林俊黄等则负嵎于沙永之间,农民大多流亡死丧,曾弄成地旷人稀的现象,直到左宗棠督闽之后,招集流亡,民始复业,这苛例大约即因此故,而被废止”(《佃农》第 52 页)。而《农村》中则改成:“其时福建僻处东南,虽不是革命运动的中心,然闽西北一带却在太平军的势力范围内;同时,本省会党林俊、黄有使等亦活跃于沙永之间,在农民强力的斗争下,这苛例大约即因此故,而被废止。”(《农村》第 36 页)其中对太平军负面的阐述转为正面,“骚扰”变成“革命”,“会匪”变成“会党”,对于“封建官僚”左宗棠的功绩,则一笔勾销,变成“农民强力斗争”的胜利果实。

三、裁画阶级对立

阶级斗争立场的坚定鲜明,表现在《农村》裁剪史料以勾画农民与地主阶级之间紧张对立的局面,或直接改变、加强分析语气以确立阶级对立的样态。

裁剪史料的策略有两种,其一是删除一切体现主佃之间和谐交往的史料字眼,其二是删除一切正面描写地主、官僚阶级的史料字句。

最为明显地体现第一种意图的,是《佃农》第11页所引史料在《农村》中被有意识地删除,《佃农》中引文如下:

> 泉地隘而硗瘠,濒海之邑,耕四而渔六。……邑东十余里属惠,其隶晋者巨浸耳。邑西五里为南安,正南多滨海埭,田未旱而涸。西南不十里,又南安界也。惟岭北四五十里,其东复为惠安,北连仙游,稍稍称沃壤。每春冬征租,旧皆由田主亲履田亩,以丰歉为完欠。田丁例供一饭,田主上坐,田丁之老傍坐,举壶觞田主,或缙绅之林下者,亦和颜与谈农事,劳苦而慰藉之。共饭毕乃退。租完将归,以只鸡白粲二三斗为贶,田主答以巾扇之类,主佃相与以礼如此。(温陵旧事:据泉州府志卷二十:风俗引)

而《农村》第166页则径自史料原文中删除"或缙绅之林下者,亦和颜与谈农事,劳苦而慰藉之"、"主佃相与以礼如此"两句。我查对乾隆《泉州府志》卷二十《风俗》,里面确有被删除的两句。窃猜度,这两句描述了地主缙绅与佃农平和有礼的交往场景,赞誉泉州地区主佃互相以礼相待的相处模式,这种取向违背了《农村》以阶级对立为主导的基调,故而被删除。

为了营造阶级对立的紧张氛围,诸多表述被直接调整。如《佃农》第15页中“租佃之间常起纠纷”,“有明末造,泉属各县即以斗栳问题,纷扰达数年之久”一段在《农村》中被改为“在万历末年至天启间,清流农民曾有‘较秤斗’之争,在崇祯间,泉属各县即以斗栳问题,掀起相当激烈的斗争”(《农村》第175页)。

一些史料由于言论立场的问题而被取消引用。《佃农》第18页引用《泰宁县志》卷一《风俗》:“顺治三年,上高保佃户因较斗生衅,几杀田主,顽佃刁悍之风,固应惩创,在田主亦不可刻意诛求,自取耻辱也”,后半部分对“顽佃”的评述和基于田主立场的建议也在新的版本中被删除(《农村》第180页)。

对地方官员的正面描述也被删除干净。如《佃农》第15页引乾隆《泉州府志》卷三十《名宦》记录:“此次乱事虽暂告平,然崇祯十年,南安又有乡间奸宄,藉输租斗斛太重,聚党请禁。阙士琦……崇祯十年令南邑,爱民礼士,一以长厚为治,时乡里奸宄,藉输租斗斛太重,聚党请士琦禁革,实生乱阶,士琦毅然斥之,众一拥而出,径夺而去,当事者闻之,廉知士琦长厚,然于奸宄亦不能有创惩也。”到《农村》一书中,描述阙士琦的“爱民礼士,一以长厚为治”等字句即被抽除(《农村》第176页)。再如,《佃农》第18页引《泰宁县志》卷七《寇警》,记录“顺治四年正月初九日,上高永兴二保结六七百人,白昼持刀横行城中,无有撄其锋者,时邑令许文肯怜其痴

愚，置不问”。到《农村》中即删去时邑令不置问的应对办法（《农村》第181页），而这一句或许可以说明地方官对于农民的同情之心。还有诸如“地方官应实心劝化，实力惩儆”（《佃农》第58页）之类说明官方对农民风潮并非一味武力镇压的记载也在新版（《农村》第43页）中删掉了。

直接改变史料解读取向和加强分析语气以确立阶级对立的样态，是1961年版修改中常见的方式。如《佃农》第48页写的是“近人虽有云：永安现尚有‘八二分租’的恶例，我想这或非一般的现象，而只是某特定区域之一个极端的例子罢”，之后则修改为“解放前曾闻永安仍有‘八二分租’的恶例。据此而论，则其分额当是很重的”（《农村》第33页）。再如《佃农》第58页“然也因此租佃关系的密切，双方自时有交涉”改为“然也因此租佃关系的对立，双方的斗争是剧烈的”（《农村》第42页）。诸如将“知其（主佃）关系谅亦非十分圆满的”（《佃农》第58页）改为“知其矛盾是相当尖锐的”（《农村》第43页）之类的改动，随处可见，这些都直观地体现立场转变带来的史料解读倾向的变化。

四、舍弃中外比较的相关评述

目前并不清楚，傅先生是出于学术的考虑，还是基于其他什么原因，要将《佃农》正文和注释中谈及中外社会比较的相关评述几乎全部舍弃掉。我们能够找到以下几处修改的痕迹：

其一，《佃农》第29页注16写道：“我认为正显现出中国型的封建主义的分割性，就是中国封建社会的创生，不是采取清扫氏族制的形态,而是与其妥协之下而发展,故中国型的封建领主在其庄园内不像欧西的封建领主具有完全的支配权。但他们却常利用氏族制的残存物,以为统治农民的工具。”《农村》第170页注4改为:“我认为正显现出中国封建主义的分割性,就是中国的封建领主常利用氏族制的残存物,以为统治农民的工具。”同一注释的最末一句“这又是中国封建主义与西欧封建主义的一个不同的地方”在《农村》中也被删掉。

第二,《佃农》第53页“我们可以认识长期的中国社会,虽不是停滞的,不过他所走的路线终不像西洋资本主义国家那么直截快捷,在清扫封建主义的残余之后迈步前进,而系与其妥协的解消之下,作迂曲迟缓的发展”,在《农村》第38页改为“我们可以认识长期的中国封建社会的迂曲迟缓的发展”。

第三,《佃农》第59页注2最后一段写道“所以中国都市发生的原型,率由政治都市嬗变而来,而很少直接基于经济上的必要而独立发展的,这点,我认不失为重要的理由,而又是中国封建都市和西欧都市在社会经济史上所发生不同作用的原因”,这几句在后来的修改中被全部删掉了。

唯一一处没有删除的是,《佃农》第24至25页《明清时代福建佃农风潮考证》一文结论处谈到“总之,依据上述,我们可以得到这么一个结论,就是中国史上的佃户(包括客户、庄户、地客等异名)和欧洲中世纪的农奴,我们将其作一缜密的比较,两者之间的社会身份和经济地位,在本质上,到底有了怎样的差异,可否因为名称的变换,与在中国史上不见有严格的农奴制度,就可否认秦汉以后中国封建社会经济关系的存在”。在《农村》中,这一段并没有做出

大的改动，只是为行文逻辑通畅和严谨而在“差异”之后加入“那末”二字，并将“严格”改为“西欧式”(第 189 页)。

五、新增佃农风潮类型

《佃农》上篇《明清时代福建佃农风潮考证》一文是三篇文章中改动最大的一篇，主要分为两个部分，前半部分旨在说明明清时代福建农村社会关系及农民的实际社会经济生活状态，后半部分则分类辑录福建佃农风潮的史料，在举例说明了“由于封建贡纳与劳役所引起的风潮”和“由于量器纠纷所引起的风潮”之后，继而叙述“由于纳租数量所引起的风潮”。而《农村》中这一篇文章相对于《佃农》改动得最大的部分即在最后这一小节，做了大幅度的增删史料、更改结构的动作，使得文章观点更为鲜明，结构更为清晰。

首先是将这一部分归类为“由于平仓、平米所引起的风潮”，增补列举大量新见明清时期福建各地农民要求平仓而引发斗争的资料，以论证“封建时代的农民是具有朴素的均产主义的思想，他们在严重的封建压榨之下，盼望有一个自由平等的小天地”，“在这商品经济与自然经济的复杂错综的矛盾中，以及小生产者的平均主义的特点，于是明清时代平仓、平米遂成为农民反封建斗争的一个很有号召力的口号”。通过引证示例说明，“在这些斗争中，是充分的体现出农民对剥削者的坚决的反抗”，也反映农民的“平均主义的根源是个体农民的思想方式，是平分一切财富的心理，是原始的农民‘共产主义’的心理”。这后一句，是本书唯一一次引用斯大林的话。

其次，删除了反映“一二地主的殊恩”的史料。如《福建新通志·孝义传》所载“林怀忠以行义称……会大霜杀稼,谷不实,佣田者以为忧,怀忠曰:‘灾一也,奈何令佃独受病乎’,纳其获,不问坚好,佃德之”一条,以及《泉州府志·国朝乐善》所载“王纶礼,南安人……雍正十年,邑亢旱歉收,凡佃丁应纳租谷,悉免之”一条。

最后,删掉了体现佃户抗租带来负面影响的文献与论述。如《同安县志》中小刀会因佃农抗租而发起谋乱的资料,以及《漳州府志》所载“诏邑霸田抗租,积习相沿,业主无利可收,徒受纳课之累”等从地主立场撰写的文字。

六、结语

如果1961年版《明清农村社会经济》的《后记》不足以让现在的我们理解傅先生修改文稿的动因,我们或许需要设身处地地体会新中国初期傅先生等诸多从中国传统教育和自由开放的学术氛围走进新时代的知识分子的现实境遇、学术兴趣与思想转变。而这些现世处境遭遇、研究取向转移和立场坚定过程的多维复原工作,由于诸多线索的隐晦,暂时还不成为本文能够讨论的对象,实际上,我们对于社会史论战之后中国经济史和社会经济史研究的学术走向和影响因素,也还有待进一步的梳理。但傅先生后来的自我说明和科研实践,实际上已经解开了很多校读过程中涌现的矛盾带给我的纠结。

傅先生在他70岁时所作自传中提到,70年代末80年代初出国讲学期间,他亲眼见到资本主义国家虽然在生产技术方面是进步的,但在社会制度上存在着许多不可克服的矛盾,“通过两种社

会制度的对比，深深感到社会主义好，坚信中国共产党是光荣伟大正确的。我感到只有共产党才能领导全国人民实现四个现代化。因此，回国以后，提出了入党的要求，1980 年 3 月加入中国共产党”。傅先生说：“这是我一生中最光荣，也是最高兴的事情。”[①]

1984 年，傅先生在几篇谈治史经验的文章中，回首自己接触和学习马克思、列宁思想的历程，是从三十年代社会史论战开始，在日本留学期间有了更系统的学习和借鉴。[②] 在谈及研究明清资本主义萌芽问题的心境时，他坦诚地说，“解放后，通过学习马克思主义理论，尤其是学习了毛泽东同志的‘中国封建社会内的商品经济的发展，已经孕育着资本主义的萌芽，如果没有外国资本主义的影响，中国也将缓慢地发展到资本主义社会’(《中国革命和中国共产党》)的论述后，我的认识有了很大的提高，研究的信心增强了”。[③]

杨国桢先生回顾和总结傅先生在新中国成立前后这一阶段的思想变化称，“在坎坷的经历中，傅先生经受了考验。在政治上，他不断进步，从民主主义者转变为共产党员；在学术上，他重加反省，敢于承认错误，也敢于坚持真理，六十年代以后的文章显示了他在理论学习、研究方法上的不断探索和进步”。陈支平先生则在傅先生另一部同样撰写于六七十年代的著作《明清封建土地所有制论纲》的《跋》中揭示了当时傅先生正在经历不公正遭遇，“为了使自

---

① 傅衣凌：《傅衣凌自传》，《文献》1982 年第 2 期。

② 傅衣凌：《治史锁谈》，《书林》1984 年第 1 期，后收入《傅衣凌治史五十年文编》，厦门：厦门大学出版社，1989 年，第 35 页。

③ 傅衣凌：《我是怎样研究明清资本主义萌芽的》，《文史知识》1984 年第 3 期，后收入《傅衣凌治史五十年文编》，第 47 页。

己辛勤写成的著作能够在当时的环境下出版问世,他的这部著作也不能不带上那个时代的某些烙印"①。

傅先生作为一个历史学家,从未放弃对于自己学术追求和思想历程的表白,他一生不断地在剖析自身思想的变化,这种坦然表露实情的勇气,折射出他终身都未丢失强大的反思能力。到1980年代回头看待自己在60年代的论述,傅先生自我批评那时"自己的马克思主义的理论学习很差,虽力图用历史唯物论的观点来研究中国的历史,但所得结果并不满意,存在不少旧传统的影响痕迹和堆砌史料的毛病,甚至难免以史料代史学的错误"。② 1980年,《明清农村社会经济》得以再版,在《再版后记》中,傅先生也说:"本书文稿写作时间,相距甚久,而我对于马克思主义的学习,又很不够,错误之处,在所难免,敬希读者教正。"③傅先生的遗作《中国传统社会:多元的结构》,体现了他在生命最后阶段对自己一生的学术研究的反思,不仅在历史认识上总结提升了他终生的研究成果和理论方法,更郑重地给后辈学人留下最重要的遗训:"每一位有时代感和学术责任感的史学工作者都有必要重新反思自己的思维方式、学术观点和价值观念。"④

---

① 陈支平:《跋》,傅衣凌:《明清封建土地所有制论纲》,上海:上海人民出版社,1992年。

② 傅衣凌:《集前题记》,氏著:《明清社会经济史论文集》。

③ 傅衣凌:《再版后记》,1979年10月23日,氏著:《明清农村社会经济》,北京:三联书店,1980年。

④ 傅衣凌:《中国传统社会:多元的结构》,《中国社会经济史研究》1988年第3期。

越界的庸众与阿 Q 的悲剧

——《阿 Q 正传》新解

俞兆平

历史语境的考证(包括史实的实证),对于从预设的先验命题演绎中挣脱出来的今天中国文学研究界来说,日益显露出它的重要性与合理性,因为它是返回文学作品,特别是经典作品之所以产生的历史真实的唯一途径。当然,能称得上经典的作品,其概念内涵往往如康德所说是"非确定性"的,亦如中国古典美学的"诗无达诂",即具有多义性、朦胧性、阐释的无限可能性等。但不管读者、批评家的接受与再阐释的自由力量有多么巨大,他出发的第一层面,即阐释展开的基础,必须是作品的真实与促使作品诞生的历史语境的真实。那么,学界以往对《阿 Q 正传》的研究,真正做到了吗? 有没有继续推进的可能呢?

一、主旨是"憎" 精神是负

"哀其不幸,怒其不争"一语,不知从何时起,成了鲁迅对阿 Q 的审美态度,即创作主体对其作品中主人公的情感好恶、价值取舍的定评。其影响面之广,举世罕见,可以说,只要有初中以上文化程度的国人概莫能外。那么,这一"定评",符合历史真实吗?

先从此语的出处谈起。该语出自鲁迅的《摩罗诗力说》第五节。鲁迅肯定摩罗诗人拜伦:"怀抱不平,突突上发,则倨傲纵逸,不恤人言,破坏复仇,无所顾忌,而义侠之性,亦即伏此烈火之中,重独立而爱自由,苟奴隶立其前,必衷悲而疾视,衷悲所以哀其不幸,疾视所以怒其不争,此诗人所为援希腊之独立,而终死于其军中者也。"[①]这里是说,性烈如火,酷爱自由,内怀侠义肝胆,扶贫济弱的拜伦,若见到奴隶、"庸愚"(该词亦出在此节谈易卜生段),定"衷悲"之,"疾视"之。衷悲引发"哀其不幸",疾视顿生"怒其不争"。此处的奴隶、庸愚,即如鲁迅在《呐喊·自序》所描写的,是那些关在绝无窗户的铁屋子里,熟睡、昏睡,行将闷死的人们;或是那些以麻木、冷漠的神情,围观将被日军砍头的中国人的中国"看客"。也就是指那些毫无自由精神、毫无反抗意志,愚昧昏庸、浑浑噩噩的人。

如若以此状来审视阿Q,似乎有点不贴切,有点错位,因为阿Q的骨子里像是很有点不安分的东西,它驱使阿Q不甘于平庸,内心时时在躁动着。其一,想与赵太爷比辈分,争高低。赵太爷儿子进了秀才,阿Q说他和赵太爷是本家,也姓赵,还比秀才长三辈,结果被打了个耳光,"你怎么会姓赵!——你那里配姓赵!"其二,阿Q自认为"见识高",所有未庄的居民,全不在他眼睛里。他常常夸耀:"我们先前——比你阔多啦!你算是什么东西!"他连城

---

① 鲁迅:《摩罗诗力说》,《鲁迅全集》第1卷,北京:人民文学出版社,2005年,第82页。

里人也鄙薄,他们居然把“长凳”叫成“条凳”,煎鱼时,不像未庄那样把葱切得半寸长,而是切得细细的,可笑,错的。其三,阿Q有精神胜利法,“常处优胜”。被人打了就说:“我总算被儿子打了,现在的世界真不像样……”于是他心满意足地得胜地走了。打架输了,被拉去碰了五六个响头,他也心满意足,因为“他觉得他是第一个能够自轻自贱的人,除了‘自轻自贱’不算外,余下的就是‘第一个’,状元不也是‘第一个’么?‘你算是个什么东西’呢!?”其四,阿Q敢在有着森严的“男女之大防”的未庄,公开表露出性生理的需求。他在扭了小尼姑的面颊,飘飘然之后,公然对吴妈说:“我和你困觉!”其五,为生计问题,敢于铤而走险。在被迫离开未庄,上城之后,阿Q竟然进入偷盗之伍,虽然只是个在墙外接东西的小角色。其六,“神往”革命,想投革命党。他看到举人老爷那批未庄鸟男女听到革命消息时慌张的神情,便得意地喊道:“造反了!造反了!”而后向假洋鬼子表示要投革命党,却以“洋先生不准他革命”而告终。其七,潜意识中,仍有一丝豪气留存。在被押解去法场游街示众时,阿Q忽然很羞愧自己没志气,居然无师自通地喊出“过了二十年又是一个”的豪言壮语来。

显然,如此不肯安分、不甘平庸的阿Q,与拜伦所面对的那一类驯服、麻木的奴隶,即“愚庸”、“庸众”有所不同。鲁迅也说过:阿Q“有农民式的质朴,愚蠢,但也很沾了些游手之徒的狡猾”。[①]“很沾”一词,可以看出鲁迅对其笔下这一人物并非纯粹是充满同情的“哀其不幸”,对此“狡猾”之徒还有着一定程度的鄙弃。可见,

---

① 鲁迅:《寄〈戏〉周刊编者信》,《鲁迅全集》第6卷,第154页。

阿Q不同于买蘸了志士热血的馒头给儿子治病的愚昧的华老栓，也不同于鲁迅的小说《示众》中那形形色色的无聊、冷漠的"看客"。(尽管阿Q也曾当过看客，但他在看后毕竟还受到了被处极刑者那"过了二十年又是一个"的豪情的感染。)因此，阿Q与那些庸众最大的区别在于，他不是"不争"，而是初步萌发了朦朦胧胧的处于"自发"形态的抗争。

若从这一视角着眼，周作人的《关于阿Q正传》的"本文"应该引起足够的注意。他明确地指出："《阿Q正传》是一篇讽刺小说，讽刺小说是理智的文学里的一支，是古典的写实的作品。他的主旨是'憎'，他的精神是负的。然而这憎并不变成厌世，负的也并不尽是破坏。"[①]这就是说，鲁迅在《阿Q正传》中，对阿Q的审美态度从根本上说是憎恶的、鄙弃的，小说的精神价值取向是"负"的，即批判的、否定的。当然，正如周作人所说的，憎不是厌世，负不是破坏，"因为它仍能使我们为了比私利更大的缘故而憎，而且在嫌恶卑劣的事物里鼓励我们去要求高尚的事物"。讽刺小说与理想小说虽然表面上价值取向不同，但内在精神却是一致的，都指向了美与崇高，只是理想小说是直接的，讽刺小说是间接的。

周作人这一判断是符合鲁迅创作意旨的，十二年后，鲁迅在《再谈保留》一文中写道："《阿Q正传》，大约是想暴露国民的弱点的。"[②]暴露中国国民性中的弱点，批判中国人品性中的卑劣，这是

---

① 周作人：《鲁迅的青年时代》，石家庄：河北教育出版社，2002年，第110页。

② 鲁迅：《再谈保留》，《鲁迅全集》第5卷，第154页。

《阿Q正传》的创作旨向。周作人在文中有一总结性的判断："阿Q却是一个民族中的类型，他像希腊神话里'众赐'(Pandora)一样，承受了恶梦似的四千年来的经验所造成的一切'谱'上的规则，包括对于生命、幸福、名誉、道德的意见，提炼精粹，凝为固体，所以实在是一幅中国人坏品性的'混合照相'。""总之这篇小说的艺术无论如何幼稚，但著者肯那样不客气的表示他的憎恶，一方面对于中国社会也不失为一服苦药，我想它的存在也并不是无意义的。"①所以鲁迅的"主旨是憎"，至少在文本的第一层面上对阿Q的这一人物的行为是鄙弃的。

周作人在该篇文章"引言"中还谈到：他题云《阿Q正传》的文章"当时经过鲁迅自己看过，大抵得到他的承认的"。"文章本来也已收到文集(指《呐喊》一书——笔者)里，作为晨报社丛书发行了，但为避嫌计也在第二版时抽了出来，不敢再印。"②这就是说，周作人这篇评《阿Q正传》的文章鲁迅曾亲自看过，并得到鲁迅的承认，原已收入《呐喊》第一版，后因成仿吾对兄弟任该书编辑的做法冷嘲热讽，才在出第二版时抽掉。这里，需要着重强调的是，周作人此文写于1922年，距《阿Q正传》发表不到一年，尚未沾上而后在阐释过程中产生的各式各样的附加物，而且当时周作人与鲁迅关系尚未破裂，尤其是鲁迅尚健康在世，其可信度应该比较高，也最贴近当时的历史语境。

这样，以"哀其不幸"一语用于鲁迅对阿Q的审美态度，显然

---

① 周作人：《鲁迅的青年时代》，第112～113页。

② 周作人：《鲁迅的青年时代》，第109页。

就不太妥帖了。之所以产生这样的错位,是因为我们总把写《呐喊》时期的鲁迅设定为革命民主主义者,是一位民主斗士,他担负着唤醒民众,特别是唤醒农民阶级起来革命的历史任务。而阿Q则是农村中贫雇农的典型人物,是中国农村革命的代表与革命希望之所在,鲁迅当然只能是充满同情悲悯地"哀其不幸",继而恨铁不成钢地"怒其不争"。这与周作人所论,鲁迅的"主旨是'憎',精神是负"的审美判断不是一个向度。

当然,周作人的文章末了也涉及"爱"的向度,但只是到阿Q这一人物形象逐步成形的后期才产生的。周作人从文学创作的特殊性出发,认为作家在创造典型人物的过程中,笔下人物的性格发展及作家的审美态度,有可能会出现与原有创作意图不相符合的情况:鲁迅"本意似乎想把阿Q好好的骂一顿,做到临了却使人觉得在未庄里阿Q还是唯一可爱的人物,比别人还要正直些,所以终于被'正法'了。正如托尔斯泰批评契诃夫的小说《可爱的人》时所说,他想撞倒阿Q,将注意力集中于他,却反将他扶起来了,这或者可以说是著者失败的地方"。[1] 鲁迅在创作阿Q这一人物典型的后期,产生了矛盾。因为人物随着创作的进展逐步有了自身的性格,有了自身的生命,亦即人物"活"了,他会按着这一性格轨迹继续发展下去,有可能突破作家原有的创作意图。鲁迅想"撞倒阿Q",末了却"将他扶起",这是因为在与阿Q周围那些鄙俗卑劣、奸诈阴毒的人物对比中,不肯安分、不甘平庸的阿Q,其深层还是有着"可爱"、"正直"的一面,但他不能见容于那一生存空间,所以鲁

① 周作人:《鲁迅的青年时代》,第113页。

迅只能做出使其“被‘正法’了”的结局，这是合乎创作规律、合乎情理的。鲁迅自己也谈道：“其实‘大团圆’倒不是‘随意’给他的；至于初写时可曾料到，那倒确乎也是一个疑问。我仿佛记得：没有料到。”[①]至于周作人说，这是鲁迅写阿Q“失败的地方”，我想很多人是不会接受的，包括笔者在内，因为创作主体对笔下人物的情感越复杂，其创造的人物性格也就越丰富。关于这点学界也可以论争吧。

二、越界的“庸众”

阿Q与那些驯服、麻木的“愚庸”、“庸众”有所不同，那么他是属于鲁迅笔下的哪一类型的人物呢？

1907年，鲁迅发表《文化偏至论》，内有一名言：“掊物质而张灵明，任个人而排众数”，学界一般均认可其为鲁迅前期思想的核心。也就是说，对于邦国社会问题，有两类人物与之关联密切，一是“个人”，一是“众数”，当前的要务是要张扬“个人”，贬抑“众数”。

在20世纪初，鲁迅反对“众数”、批判“庸众”的思想相当强烈。《文化偏至论》所批判的两大偏至：“物质也，众数也，其道偏至。”时值民族危亡之际，国人选择的救亡之路，有“习兵事”，以强兵立国；有“制造商估”，以发展工商业富国；有“立宪国会”，从政治体制上进行改革等。但人们没有注意到一个危险的动向：“至尤下而居多数者，乃无过假是空名，遂其私欲，不顾见诸实事，将事权言议，悉

① 鲁迅：《“阿Q正传”的成因》，《鲁迅全集》第3卷，第398页。

归奔走干进之徒,或至愚屯之富人,否亦善垄断之市侩,特以自长营搰,当列其班,况复掩自利之恶名,以福群之令誉,捷径在目,斯不惮竭蹶以求之耳。”即根据多数不明事理的人的意见,把国家政治权力这类大事,交付于那些奔走求进之小人、愚钝不堪的有钱人、善于操作垄断的市侩,这些人擅长于钻营掠夺,攫取私利,是国之大害!所以,鲁迅慨叹:“借众以陵寡,托言众治,压制乃尤烈于暴君。”继而大声疾呼:“呜呼,古之临民者,一独夫也;由今之道,且顿变而为千万无赖之尤,民不堪命矣,于兴国究何与焉。”①鲁迅深刻地指出,若由“千万无赖之尤”来介入政治,即实施“群氓专政”,它对“个人”,即鲁迅在他处所提到的“英哲”、“明哲”、“先觉”、“大士”、“天才”、“超人”、“精神界之战士”的压制,比独裁专制的暴君、独夫还要酷烈,于国于民都是一场灾难。

除了学术论文,鲁迅在随感式的杂文中也论及“庸众”问题。例如,发表于1918年11月的《热风·随感录三十八》指出,中国有两大类人,一类是“个人的自大”,另一类是“合群的爱国的自大”。“个人的自大”一类较为罕见,国人大多是“合群的爱国的自大”,这就是中国不能“振拔改进”的原因。显然,这是对10年之前关于“个人”与“众数”、“英哲”与“愚庸”、“超人”与“凡庸”对立思考的另一种表述。

这里,一事应提及。1936年10月,周作人曾写道:鲁迅“所作随感录大抵署名‘唐俟’,我也有几篇是用这个署名的,都登在《新

---

① 本段引文均见鲁迅:《文化偏至论》,《鲁迅全集》第1卷,第46～47页。

青年》上，后来这些随感录编入《热风》，我的几篇也收入在内，特别是三十七八、四十二三皆是。”[①]也就是说，《热风·随感录三十八》系周作人所作。（不过，此文发表时署名“迅”。）但正如周作人所说：当时兄弟之间“整本书籍署名彼此都不在乎，难道二三小文章上头要来争名么？这当然不是的了”。不管是谁所作，最重要的是鲁迅亲手把它收入了《热风》一集，说明了鲁迅对该文的认可，应该视同为鲁迅的作品。但也从一个侧面说明，当时，鲁迅与周作人还是息息相通的，在社会问题的思考与判断上是同声相应的，由此也可看出周作人评《阿Q正传》一文的可信度是较高的。

《热风·随感录三十八》指出，“‘个人的自大’，就是独异，是对庸众的宣战。……但一切新思想，多从他们出来，政治上宗教上道德上的改革，也从他们发端”；而“‘合群的自大’，‘爱国的自大’，是党同伐异，是对少数天才宣战”。[②]“个人”，即先觉、超人，他渐悟人类之尊严，顿识个性之价值，由此自觉之精神，转为极端的“主我”，归于民主的大潮，所以他们是一切改革、革命的发起者、前驱者，也是中国振兴的希望之所在。“众数”，鲁迅亦称之为“众庶”、“愚庸”、“凡庸”、“愚民”、“庸众”、“无赖”等。鲁迅认为，“以多数临天下而暴独特者，实十九世纪大潮之一派”，这种伪民主的“群氓专政”祸害极大，其“人群之内，明哲非多，伧俗横行，浩不可御，风潮剥蚀，全体以沦于凡庸。非超越尘埃，解脱人事，或愚屯罔识，惟众

① 周作人：《鲁迅的青年时代》，第122页。

② 鲁迅：《热风·随感录三十八》，《鲁迅全集》第1卷，第327页。

是从”,[①]此风如若横行,个人、英哲势必受制,国之振兴无望也。

《热风·随感录三十八》发表于《阿Q正传》写作的前夕,其二者内在的价值取向密切相连,甚至可以互照互证。如,“衰败人家的子弟,看到别家兴旺,多说大话,摆出大家架子;或寻求人家一点破绽,聊给自己解嘲”即是。[②] 特别是“合群的爱国的自大”者的五种表现,与阿Q精神及言行颇多相似之处:甲云:“中国地大物博,开化最早;道德天下第一。”(阿Q:“我们先前——比你阔多啦!你算是什么东西!”)乙云:“外国物质文明虽高,中国精神文明更好。”(阿Q论未庄与城里人在长凳与条凳的名称、葱的切法、女人的走路扭态等的优劣。)丙云:“外国的东西,中国都已有过;某种科学,即某子所说的云云。”(阿Q也姓赵,和赵太爷原来是本家,细细排起来他比秀才还长三辈。)丁云:外国也有叫花子、草舍、娼妓、臭虫。(阿Q被抓进县衙,“他以为人生天地之间,大约本来有时要抓进抓出”,他“似乎觉得人生天地间,大约本来有时也未免要杀头的”,“他不过以为人生天地间,大约本来有时也未免要游街要示众罢了。”)戊云:“中国便是野蛮的好。”(阿Q被游街示众,“好!!!从人丛里,便发出豺狼的嗥叫一般的声音来。”)因此,《热风·随感录三十八》与《阿Q正传》应联系起来考察。而该文的“个人的自大”与“合群的爱国的自大”,和《文化偏至论》的“个人”与“众数”的内涵概念,又具有内在的延续性、共同性。

这样,从《文化偏至论》到《热风·随感录三十八》,再到《阿Q

---

① 鲁迅:《文化偏至论》,《鲁迅全集》第1卷,第51~52页。

② 鲁迅:《热风·随感录三十八》,《鲁迅全集》第1卷,第328~329页。

正传》，从哲学理论到艺术形象，共同构成了鲁迅对精英式的“个人”与愚庸式的“众数”这一社会性对立矛盾问题的观察、追索与思考。由此，我们才能真正解读鲁迅曾对冯雪峰说过的：“就是我的小说，也是论文；我不过采用了短篇小说的体裁罢了”的内在意义。①

在中外文学批评界中，最早注意到这一对立问题的应该是日本学者伊藤虎丸，他认为鲁迅的思想与作品中“存在着一种‘二级结构’，这个‘二级结构’，应该是‘精神界之战士’（超人）与‘朴素之民’之间，在某种意义上说未置‘中间权威’而直接对应的结构”。鲁迅“作为一个现实主义小说作家，他的关心还是朝向同一个‘两极’”，“把阿Q形象作为一个顶点的是‘朴素之民’的具体形象化”，②但他尚未具体展开论析。

美籍学者李欧梵也敏锐地感悟到这一点，他指出：“这一哲学思想也见于鲁迅的小说，是他小说原型形态之一。事实上，‘独异个人’和‘庸众’正是鲁迅小说中经常出现的两种形象。我们完全可以为他们建立一个‘谱系’（genealogy），从而寻找出在鲁迅小说叙述的表层下面的‘内容’。”③但遗憾的是，李欧梵过于专注“谱系”，把阿Q也归入与孔乙己、单四嫂子、祥林嫂、爱姑之列，“作为

---

① 冯雪峰：《鲁迅先生计划而未完成的著作》，《雪峰文集》第4卷，北京：人民文学出版社，1985年，第18页。

② 伊藤虎丸：《鲁迅、创造社与日本文学》，北京：北京大学出版社，2005年，第59～60页。

③ 李欧梵：《铁屋中的呐喊》，石家庄：河北教育出版社，2002年，第66页。

庸众中之一员”,“处于与其他庸众相对立的孤独者地位”,从而忽略了阿Q的独特的人物个性与特定的生存环境,也就客观上阻遏了这一极有开拓性命题的深入展开。前面分析过,阿Q是不肯安分、不甘平庸的,他能和忍辱负重的祥林嫂、迂腐没落的孔乙己等类同而并列吗?而作为庸众的最重要的代表——华老栓却进不了这一“谱系”,因为他并不“处于与其他庸众相对立的孤独者地位”。所以,抽象出来的“谱系”与独异的个性有时并不兼容。

那么,阿Q是精英式的“个人”吗?很明显,不是。因为阿Q不是夏瑜式的革命者,也不是从激进到绝望的魏连殳,他甚至还是个在杀革命党时的“看客”。阿Q“中兴”回到未庄后,谈他城里最重要的见闻就是这一场面:“‘你们可看见过杀头么?’阿Q说,‘咳,好看。杀革命党。唉,好看好看……’”所以阿Q绝不可能是鲁迅所寄以希望,能够拯救危难中国的“英哲”、“明哲”、“先觉”、“超人”、“精神界之战士”,即精英式的“个人”。这样,阿Q既不属于精英式“个人”之列,也与愚庸式的“众数”有别,对于这两类人物来说,阿Q是个“异类”,像是一个两不着边的人物。但从总体状态上来看,他虽有朦胧的自发性的抗争意识,仍应属于“庸众”的范围,不妨定位为“越界的庸众”。

三、惧怕其“争”

在非自由形态的社会里,个体从他所属的群体中“越界”,便意味着他尴尬处境的开始,或者也就预示着他的悲剧命运的开始。有一寓言很能说明这一状况:一只乌鸦羡慕白鸽,就用白颜色把自

身涂白，混入了白鸽群中，但很快就被发现，驱逐了出去；等它回到自己的群体中，乌鸦们并不接纳它，而是愤怒地啄光它的"白"羽毛，剩下赤裸的躯干而冻死。阿Q的遭遇虽不能绝对等同于这只乌鸦，但其间还是有着相似之处。

让我们回到与阿Q相关联的历史语境。应着重指出的是，20世纪初的中国思想界，有一股推举精英化"中坚阶级"、反对"庸众政治"的思潮。对此，许纪霖在《"少数人的责任"——近代中国知识分子的士大夫意识》一文中做了详细的考证与论析。持此思想倾向的有：梁启超、章士钊、李大钊、张东荪、鲁迅、胡适、罗加伦、丁文江等；30年代后，还有孟森、张君劢、陈銓等。也就是说，鲁迅关于"任个人而排众数"的思想并不是孤立的，当时中国思想界最重要的先驱者们对此曾形成了一种共识，汇拢为一股思潮。

这股思潮形成的原因是什么呢？据许纪霖的论析：1911年辛亥革命后，建立了亚洲的第一个共和国——中华民国。中国结束了绝对王权的专制时代，进入了多数人政治的民主时代，中国开始有了现代民主政治的一切形式：投票普选、代议制和两党制，给知识分子带来莫大的希望。但由于民主本身的软弱，立宪基础的缺乏，特别是议员素质的低劣，投票时出现了大量的贿选和舞弊，从而让袁世凯、北洋军阀这些政客肆意把玩着国家的权力。民主并没给中国带来新气象，反而旧制度专权与新制度的蜕变一并出现，互为因果。这使民初的知识分子非常焦虑，就提出要有一个能领导多数人的中坚阶级，要阻止无知的庸众干预国家政治大事。当庸众民智未开之时，只能由新式的士大夫阶级成为社会理性的代表,发挥其中坚分子的作用。①

梁启超在《多数政治之实验》一文中写道:“吾所谓中坚阶级者,非必名门族姓之谓。要之,国中必须有少数优秀名贵之辈,成为无形之一团体,其在社会上,公认为有一种特别资格,而其人又真与国家同休戚者也,以之董率多数国民,夫然后信从者众,而一举手一投足皆足以为轻重。……是故理想上最圆满之多数政治,其实际必归宿于少数主政。”②他认为,现代民主政治虽然表面上是多数政治,但实质上最理想的还是真正与国家休戚相关的少数精英分子,即中坚分子来主持政治。而张东荪则明确提出“庸众政治”这一概念,在他看来,政治的大忌,一是世袭的专制,二是无知的庸众干预国事,前者流为少数人专制,后者成为“庸众政治”。在中国,由于国民缺乏立宪之道德,将国家托命于“此辈无立宪道德之庸众之手,则政治前途必不能有进步”。③ 可以看出,梁启超、张东荪这些中国思想界先驱对于当时民智未开的社会现状,是十分清楚的;对于无知愚昧、素质低劣的庸众,是十分警觉的,他们反对这类庸众介入中国政治,因为这将危害到国家的进步与振兴。

鲁迅对于当时的时局看法又是如何呢?1932 年,他在《“自选

---

① 本段文字,均见之许纪霖《“少数人的责任”——近代中国知识分子的士大夫意识》,华东师范大学思勉人文高等研究院、《厦门大学学报》、《求是学刊》、《华东师范大学学报》合编:《现代性研究:思潮、观念与现实会议论文集》,2008 年 11 月,第 8～12 页。引用前征得作者同意。

② 梁启超:《多数政治之实验》,《梁启超全集》第 5 册,北京:北京出版社,1999 年,第 2599～2600 页。转引自许纪霖上文。

③ 张东荪:《国本》,《新中华》第 1 卷第 4 号,1916 年 1 月。转引自许纪霖上文。

集"自序》中回忆道:"我那时对于'文学革命',其实并没有怎么样的热情。见过辛亥革命,见过二次革命,见过袁世凯称帝,张勋复辟,看来看去,就看得怀疑起来,于是失望、颓唐得很了。"[①]他对于那些走马灯般轮转的政客、权阀,从心底感到厌烦;对于这些人所把玩的中国政治,以及所谓的革命,也已从怀疑转为万般的失望,以至于心境为之陷入颓唐,这也是鲁迅在《呐喊·自序》中一再写及"寂寞的悲哀"的缘由所在。而对于被这些政客拉得团团转悠,怀着个人私欲跟着立宪、投票的庸众,更是十分鄙视。他认为,这些人:"势利之念昌狂于中,则是非之辨为之昧,措置张主,辄失其宜,况乎志行污下,将借新文明之名,以大遂其私欲乎?是故今所谓识时之彦,为按其实,则多数常为盲子,宝赤菽以为玄珠,少数为巨奸,垂微饵以冀鲸鲵。"[②]他揭示,所谓的国会选举、立宪,是权谋、巨奸所为;而这些所谓识时务的俊彦,实为庸众,其中多数是愚昧的"盲子",被妄图"冀鲸鲵"的窃国巨奸所诱惑,所掌控。其实,这类庸众大多也都有私心,志行污下,"势利之念昌狂于中",往往"借新文明之名,以大遂其私欲"。

与庸众相对,鲁迅则高度肯定精英式的"个人",如斯蒂纳、叔本华、易卜生等,特别是对尼采"超人"之说更是力加推崇:"尼佉,斯个人主义之至雄桀者矣,希望所寄,惟在大士天才;而以愚民为本位,则恶之不殊蛇蝎。意盖谓治任多数,则社会元气,一旦可隳,不若用庸众为牺牲,以冀一二天才之出世,递天才出而社会之活动

① 鲁迅:《"自选集"自序》,《鲁迅全集》第4卷,第468页。

② 鲁迅:《文化偏至论》,《鲁迅全集》第1卷,第47页。

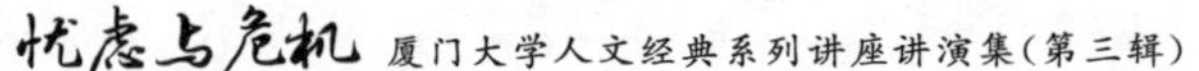

亦以萌,即所谓超人之说”。[①] 值得重视的是,鲁迅还认同尼采这样一种观点:为了促使超人、天才早日出世,甚至可以用庸众的牺牲作为代价。这与阿Q的“大团圆”结局是否有着内在逻辑联系,笔者不敢断言,只是在此设疑而已。

阿Q当然不是超人、英哲,也不是上述“识时之彦”、国会议员之类,因为任何文学典型形象都只是一个象征,起着暗示、影射的作用。鲁迅论阿Q形象的创作时谈道:“我的方法是在使读者摸不着在写自己以外的谁,一下子就推诿掉,变成旁观者,而疑心到像是写自己,又像是写一切人,由此开出反省的道路。”[②]就是说,对阿Q形象意义的把握,不能局限于确定的实体性,它更具有艺术典型的普遍性,具有蕴意的无限扩展性,即能在最大的范围内促使国人“反省”自身。这样,我们还是回到文本为宜,回到人物形象与人物行为之中为宜。

如前述,阿Q是个越界的庸众,而他最大的越界行为莫过于“革命”了。鲁迅在《“阿Q正传”的成因》中谈到阿Q是否要做革命党的问题:“据我的意思,中国倘不革命,阿Q便不做,既然革命,就会做的。我的阿Q的运命,也只能如此,人格也恐怕并不是两个。民国元年已经过去,无可追踪了,但此后倘再有改革,我相信还会有阿Q似的革命党出现。”

以往不少学者都对这段话做了正向理解,即为阿Q必然奋起革命的依据,从而论证了“鲁迅批判辛亥革命不彻底性”的命题。

① 鲁迅:《文化偏至论》,《鲁迅全集》第1卷,第53页。

② 鲁迅:《答“戏”周刊编者信》,《鲁迅全集》第6卷,第150页。

但很少人继续征引接下的部分:“我也很愿意如人们所说,我只写出了现在以前的或一时期,但我还恐怕我所看见的并非现代的前身,而是其后,或者竟是二三十年之后。其实这也不算辱没了革命党,阿 Q 究竟已经用竹筷盘上他的辫子了;此后十五年,长虹‘走到出版界’,不也就成为一个中国的‘绥惠略夫’了么?”[①]这后半段完全是讽刺、挖苦的反语。我们必须注意到,论及这类由革命大潮裹挟而起的所谓“革命党”,鲁迅特地加上一前缀——“阿 Q 似的”,也就是说“阿 Q 似的革命党”与真正的革命党是不同质的。其革命的成果仅是使阿 Q“用竹筷盘上他的辫子”,只是像高长虹这类人摇身变成“工人的绥惠略夫”而已。这样荒唐、无聊的革命成果,与“阿 Q 似的革命党”是偕行毕至的,也“不算辱没了”它。这种反讽的意味,只要不陷于先验命题的误导,只要能客观地细细品味,不会感受不到的。

对于这种革命内涵在质地上的变异,鲁迅在《热风 · 五十九 · “圣武”》一文中已有揭示:“我想,我们中国本不是发生新主义的地方,也没有容纳新主义的处所,即使偶然有些外来思想,也立刻变了颜色,而且许多论者反要以此自豪。”[②]鲁迅对此类“变了颜色”的“阿 Q 似的革命党”早已持警惕、批判的态度。

那么,从文本出发,我们来看看关于“阿 Q 似的革命党”在其所谓的未庄革命中,想做或做了什么?

其一,满足权欲,滥杀无辜。革命风声传来,看到未庄男女慌

---

① 鲁迅:《“阿 Q 正传”的成因》,《鲁迅全集》第 3 卷,第 397~398 页。

② 鲁迅:《热风 · 五十九 · “圣武”》,《鲁迅全集》第 1 卷,第 371 页。

张的神情,阿Q充满快意,“似乎革命党便是自己,未庄人却都是他的俘虏了”。当他在幻想中统治了未庄之后,开始发号施令:“第一个该死的是小D和赵太爷,还有秀才,还有假洋鬼子……留几条么?王胡本来还可留,但也不要了。……”如果说杀赵太爷和假洋鬼子在情理上或革命的信条上还有点必然性,那么杀小D、王胡,完全是阿Q公报私仇了,因为他们的生存状况和政治地位和阿Q一模一样,都是贫雇农,按理应成为革命的力量,却将断送在阿Q的刀下。“留几条么?”从阿Q这一阴森森的口吻中,你不难想象到阿Q是如何地大开杀戒的。雨果《九三年》所描写的法国雅各宾派在革命暴力恐怖中,滥杀无辜、血溅尸横的情景,可能又要重演。在《文化偏至论》中,鲁迅对法国大革命所引发的暴力及其引生的“民主”是有所警惕,并持有异议的。

其二,攫取钱物,发革命财。阿Q继续他的“革命”幻梦:“东西……直走进去打开箱子来:元宝,洋钱,洋纱衫……秀才娘子的一张宁式床先搬到土谷祠,此外便摆了钱家的桌椅,——或者也就用赵家的罢。”鲁迅揭示的“阿Q似的革命”就是这种状态:掠夺抢劫,坐地分赃。这与上述鲁迅所批判的那些政客、议员,“借新文明之名,大遂其私欲”,在内质上并无两样。

其三,占有女人,放纵无度。阿Q美滋滋地想着:“赵司晨的妹子真丑。邹七嫂的女儿过几年再说。假洋鬼子的老婆会和没有辫子的男人睡觉,吓,不是好东西!秀才的老婆是眼泡上有疤的。……吴妈长久不见了,不知道在那里,——可惜脚太大。”未庄稍有姿色的女人,都在阿Q心中一一过眼,甚至连少女也不放过,至于老情人吴妈,开始嫌弃了——脚太大。

其四，投靠不成，即生悖心。阿Q到尼姑庵革命迟了，想投靠假洋鬼子，得到的却是“不准革命”的拒斥。阿Q“毒毒的点一点头，‘不准我造反，只准你造反？妈妈的假洋鬼子，——好，你造反！造反是杀头的罪名呵，我总要告一状，看你抓进县里去杀头，——满门抄斩，——嚓！嚓！”[①]欲望、要求不能得逞，随即萌生悖心，要告发原先想要投靠的人，让他满门抄斩。这说明阿Q对造反、革命的精神与意义，茫然无知，毫无定见；在行动上，朝秦暮楚，呆里撒奸，难怪鲁迅连用了两个“毒”字。

这就是“越界的阿Q”，即愚庸式的“众数”所进行的中国革命。其“革命”的目的，鲁迅有过归纳：“简单地说，便只是纯粹兽性方面的欲望的满足——威福，子女，玉帛，——罢了。然而在一切大小丈夫，却要算最高理想(?)了。我怕现在的人，还被这理想支配着。”[②]此可谓入木三分，一针见血了罢。

中国如此，在世界范围内又是怎样呢？在《文化偏至论》中，鲁迅还论及历史上最著名的两位精英式的“个人”被“众数”所施暴、所迫害致死的事实。像哲人苏格拉底，为“众希腊人鸩之”；耶稣基督，也是被“众犹太人磔之”，对他俩的施暴、加害，都是顺从于所谓“众志”，即他们是死于庸众之手。在《我之节烈观》中，鲁迅指出，这种庸众意识会形成一类“无主名无意识的杀人团”：“社会上多数古人模模糊糊传下来的道理，实在无理可讲；能用历史和数目的力

---

① 其一至其四的引文，均见鲁迅《阿Q正传》，《鲁迅全集》第1卷，第512～552页。

② 鲁迅：《热风·五十九·“圣武”》，《鲁迅全集》第1卷，第372页。

量,挤死不合意的人。这一类无主名无意识的杀人团里,古来不晓得死了多少人物;节烈的女子,也就死在这里。"[①]像《狂人日记》中迫害狂人的狼子村,像《孤独者》中挤死魏连殳的S城、寒石山村等,都有着由庸众构成的"无主名无意识的杀人团",这是狂人、魏连殳等的悲剧命运产生的根由。魏连殳生前的一封信说得很清楚:"愿意我活几天的,自己就活不下去。这人已被敌人诱杀了。谁杀的呢?谁也不知道。"[②]这种无名无形的"无物之阵",可以置你于死地,却又让你找不到杀人者。这是一种深存在庸众之中,由历史、传统和数量所构成的令人惊悚、恐怖的力量,它像《呐喊·自序》中的"铁屋子"一般,笼罩着你、压抑着你,让你动弹不得,让你窒息至死。所以,鲁迅得出结论:"故是非不可公于众,公之则果不诚;政事不可公于众,公之则治不郅。惟超人出,世乃太平。"[③]即善恶、是非的道德判断,不能依从庸众,若"公之",则失去真实的标准;国家政事更不可依从大众,若"公之",则大治不能达到。唯一的希望在于超人、英哲的出现,要由他来引导大众,世界才能走向合理的、理想的境界。

庸众意识不可信服,庸众数量不可盲从,从庸众中"越界"出来的人物也是不可认同的。如上述,权力、金钱、美女,是中国"阿Q似的革命党"的"革命"目的。可以想象,如若以他们为首的革命成功之后,中国社会将成什么状态?显然,又一轮的屠杀和掠夺将重

---

① 鲁迅:《我之节烈观》,《鲁迅全集》第1卷,第129页。

② 鲁迅:《孤独者》,《鲁迅全集》第2卷,第103页。

③ 鲁迅:《文化偏至论》,《鲁迅全集》第1卷,第53页。

新开始，又一次的灾难将降临我们民族的头上。所以，鲁迅当时对政局的更替，对中国社会的发展，所产生的怀疑、失望、颓唐，“寂寞的悲哀”，“绝望之为虚妄，正与希望相同”的心境，是完全可以理解的。因为这样的“革命”，绝不是鲁迅所企盼的；这样的“革命党”，也绝不是鲁迅所寄以希望的。因此，1925年2月，鲁迅才会在《忽然想到》中断然地写下如此沉痛的话：“我觉得仿佛没有所谓中华民国。我觉得革命以前，我是做奴隶；革命以后不久，就受了奴隶的骗，变成他们的奴隶了。我觉得有许多民国国民而是民国的敌人。我觉得有许多民国国民很像住在德法等国里的犹太人，他们的意中别有一个国度。我觉得许多烈士的血都被人们踏灭了，然而又不是故意的。我觉得什么都要从新做过。”[①]这是鲁迅在历经了困惑、失望、寂寞之后，毅然的决断与选择。

对于那些越界的庸众，或是未越界的庸众，鲁迅是深深地失望了。他只能用另一参照系来唤醒世人：“看看别国，抗拒这‘来了’的便是有主义的人民。他们因为所信的主义，牺牲了别的一切，用骨肉碰钝了锋刃，血液浇灭了烟焰。在刀光火色衰微中，看出一种薄明的天色，便是新世纪的曙光。曙光在头上，不抬起头，便永远只能看见物质的闪光。”[②]鲁迅只能寄希望于国人彻底的醒悟上，成为“有主义的人民”。他希冀国人能“睁了眼看”别国，在那些志士英烈的感召下，真正摆脱了物质、兽欲，真正做到能为自己所信仰的主义而牺牲一切，甚至献出生命都在所不惜，这时，新世纪的

① 鲁迅：《忽然想到》，《鲁迅全集》第3卷，第16～17页。

② 鲁迅：《热风·五十九·“圣武”》，《鲁迅全集》第1卷，第373页。

曙光才会来临。

"路漫漫其修远兮,吾将上下而求索。"直至20世纪30年代初,鲁迅才在代表"中国的脊梁"的人们中找到了自己希望之所托:"我们自古以来,就有埋头苦干的人,有拼命硬干的人,有为民请命的人,有舍身求法的人……虽是等于为帝王将相作家谱的所谓'正史',也往往掩不住他们的光耀,这就是中国的脊梁。这一类的人们,就是现在也何尝少呢?他们有确信,不自欺;他们在前仆后继的战斗,不过一面总在被摧残,被抹杀,消灭于黑暗中,不能为大家所知道罢了。说中国人失掉自信力,用以指一部分人则可,倘若加于全体,那简直是诬蔑。"[①]因此,20年代初,鲁迅对阿Q不可能是"怒其不争",而是"惧怕其争"!这也就是阿Q的悲剧结局产生的原因所在。

如前所引,鲁迅还不无忧虑地接着指出:"我还恐怕我所看见的并非现代的前身,而是其后,或者竟是二三十年之后。"这里,鲁迅已把《阿Q正传》的内涵与蕴意,从空间向时间延伸、拓展。他所刻画的由越界庸众构成的"阿Q似的革命党"的这场"革命",并不是已逝去的历史,或许仅是一种萌端,一曲前奏,在中国的现代史上还会一幕幕地重演。鲁迅的忧虑不是没有道理的,其后的中国历史已有了充分的证明。当然其结果正如马克思所说:"黑格尔在某个地方说过,一切伟大的世界历史事变和人物,可以说都出现两次。他忘记补充一点,第一次是作为悲剧出现,第二次是作为喜剧出现。"不管是悲剧式的阿Q,还是喜剧式的阿Q,都构成我们人

---

① 鲁迅:《中国人失掉自信力了吗》,《鲁迅全集》第6集,第122页。

类的这部历史，在历史上留下了他的踪影，留下他所启示的意义。

钱理群说过："阿Q和一切不朽的文学典型一样，是说不尽的。不同时代、不同民族、不同层次的读者从不同角度、侧面去接近它，有着自己的发现与发挥，从而构成一部阿Q接受史，这个历史过程没有、也不会终结。"[①]本文愿能成为这个没有终结过程的一块小石。

① 钱理群、温儒敏、吴福辉：《中国现代文学三十年》，北京：北京大学出版社，1998年，第47页。

“大历史”无处不在：从王朝政治到日常生活

——重读黄仁宇《万历十五年》

饶伟新

一

大家晚上好，很高兴有这么一个机会，来“人文经典讲坛”谈谈我对黄仁宇《万历十五年》一书的认识和理解。

说到《万历十五年》，我想大家应该不会陌生，估计很多人都读过。这本书算得上是一本畅销书。据我所知，大陆目前至少有两个版本，中华书局版和三联书店版。到去年为止，这本书的大陆发行量接近百万册。台湾也有一个版本，当然还有英文版、德文版、法文版、日文版，等等。这本书的初稿完成于1976年，当时一时还找不到出版社愿意出版。因为这本书，你看它像是历史学的专门学术著作，它又不是；你说它是历史故事类的商业畅销书，它又不完全是在讲故事。它介于二者之间。但是，它一旦出版发行(1981年英文版出版，1982年中文版出版)，就在学术界和大众读者群里引起强烈反响，后来不断重印，2007年中华书局还出了一个增订

本,而且一印再印。所以就这一点而言,我们说它首先是一本畅销书。

不过我要强调,《万历十五年》其实更是一部专门的历史学学术著作。它能够有那么大的发行量,并成为大众畅销书,我想一个很重要的原因,就在于它的独特写法,即以讲故事的方式来讨论明代政治体制与明王朝衰落的历史。这本书总共有七章,开篇从万历十五年阳历三月二日的午朝事件讲起,然后围绕明代六个重要历史人物的故事而展开。其中前面四章基本上是在讲万历皇帝和他前后两任首辅——张居正和申时行的故事,内容涉及万历皇帝的日常生活,包括他的苦恼,以及跟臣僚之间的关系,讨论了明代宫廷政治和皇权运行的特点。第五章讲海瑞,后代人们称他为海青天,是一个模范官僚,但在黄仁宇看来,海瑞并不是像我们想象的那样,其实在当时算不上是一个值得效仿的官员。在这章,还涉及明代的地方行政与财政等问题。第六章谈戚继光,涉及明代的军事与国防问题。第七章谈李贽,论及明代的思想文化问题。这本书正是通过讲述这六个政治人物的历史故事,并结合明代的政治制度背景和一些重要历史事件及历史转折过程,剖析了他们的政治经历,乃至情感性格、心路历程和历史命运,整个叙述充满了历史感,足使读者真切感受到那个时代的情境与氛围,从而引起共鸣。这样的写法迥然有别于传统历史学著作和历史教科书的写法,它能够引起人们的注意,也就再自然不过了。

二

我想进一步指出的是,这本书之所以能够取得成功,不仅在于它独特的写法,更重要的在于它从法律精神和技术管理这样一个独特的角度,讨论了明朝历史的一个基本问题,即明代官僚政治运作的症结和明王朝衰落的问题。作者认为,明代官僚体制的运作重道德而轻法律,重礼仪而轻技术,结果因为法律腐败和技术落后,致使行政效率和社会组织化程度低下,从而导致明王朝的衰落。这一观点虽大有可商榷之处,史学界对此亦有诸多争议,但不可否认,黄仁宇在书中所讨论的关于明王朝衰落的问题,无疑是明史学界不可回避和值得深思的一个基本问题,而他围绕这一问题所揭示的一些历史细节,包括上述六个政治人物的一些“另类”人生,引人入胜之余,更是发人深省。

比如,在我们的印象中,皇帝应该是至高无上的。但在这本书里,黄仁宇向我们展示的恰恰相反。万历皇帝,包括他的父亲隆庆皇帝、祖父嘉靖皇帝、叔祖正德皇帝等,并不像我们想象的那么如意,许多时候他们是不自由的。皇帝作为个人,作为最高权力的化身,他或许可以宰制天下,甚至为所欲为。但在帝制时代,皇帝首先是一种制度、一种职位,身在其位者,必然要履行各种职责,其中一项重要职责就是仪式上的。皇帝在一年中需要做各种各样的礼仪,包括祭祀天地日月、祭祀社稷山川、祭祀祖庙等种种祭拜礼,此外还有庆元旦、赏端阳、接见朝贡使臣、检阅军队、颁布日历、钦定典籍、册封皇族成员、举行“亲耕”仪式等等,这些都耗费皇帝大量

的时间和精力。而最让皇帝心烦的,莫过于日复一日、年复一年的“早朝”礼。想到每天天未亮就要起床上早朝,不仅百官深以为苦,作为主角而不得无故缺席的皇帝更是不堪忍受,以致明代有的皇帝想尽办法不上朝,甚者长期罢工休朝。弘治皇帝就曾以宫中失火、彻夜未眠和神思恍惚为由,简直以央求的语气,要大臣们同意其免朝一日。隆庆皇帝开始还常常举行早朝,但到后来索性将这种流于形式的早朝礼免除不行。年幼的万历皇帝刚即位的时候,根据大学士张居正的安排,对早朝折中变通,每月逢三、六、九早朝,其他日子不朝。但随着年龄渐长,万历皇帝越发感觉上早朝是件麻烦事,后来干脆就罢工不上朝了。

其实,万历皇帝的烦恼和身不由己远不止这些,小到个人的兴趣爱好,大到立储的选择,无不受到大臣们的约束和限制。例如,万历皇帝幼年即位后,在大学士张居正的督导之下,每日学习经史和练习书法,其中书法渐有长进,感觉良好,但是张居正却对他说,陛下的书法已经取得很大成就了,从现在起,不宜在书法上花费过多的精力,因为艺术的精湛无助于国家治理,甚者祸国殃民,历史上已有南唐后主、宋徽宗之类的教训;皇上要成为圣君明主,就应当以修习德行来治理天下,这是自古以来之常理。所以在1578年万历皇帝大婚之后,张居正干脆就取消了他的书法学习,只让他专心诵习经史。又如后来的立储问题,万历皇帝本意是想让贵妃郑氏的儿子,也就是皇三子朱常洵成为储君,他打算废长立幼,却被大臣们驳回。由于这个愿望不能实现,直接导致他与文官集团的冲突,最后,万历皇帝以长期的消极怠工来对抗臣僚,比如,不再出席各种法定的礼仪;虽照常批阅其他奏章,却对臣僚抗议的奏章不加答辩,置之不理;对于许多朝官辞职离职退休之后的职位空缺问题,也不加补缺处理。总之,不与文官合作,怠工怠政。本来,在张居正去世之后,万历皇帝开始掌握实权,欲有所作为,打算亲自操练兵马,甚至御驾亲征,同时也想乘此机会走出禁宫,呼吸一下新鲜空气,但都遭到了文官们的竭力阻止和反对,因为文官们希望皇帝行如礼仪,而不要置身于其他事务之中。心灰意冷的万历皇帝,大概从 1588 年起到他去世,三十来年的时间里,就再也没有走出过北京紫禁城一步,创造了一个历史“奇迹”。在黄仁宇看来,万历皇帝虽贵为天子,但处处受到文官集团以及成规成宪和礼仪道德的束缚与限制,无法按照自己的意愿行事。因此,皇帝不过是一种制度所需要的产物而已。

皇帝的命运尚且如此,大臣官僚也就好不到哪里去。黄仁宇通过分析张居正、申时行以及海瑞、戚继光、李贽的行事风格和人生经历,展示了明代官僚的双重性格和矛盾悲剧的历史命运。他说,以前的官员都是两面人。在书里,黄仁宇用了“阴阳”一词来概括。“阳”是指这些官员都是通过科举教育培养上来的,是道德的表率。道德的表率最高是皇帝,接着是百官,然后是士绅。他们都要以“修身、齐家、治国、平天下”的儒家理念作为人生行事的准则。“阴”则是指这些官员作为个人的私心贪欲。这方面,即使圣人君子也在所难免,何况臣工百官。比如张居正,其“阳”的一面是,他作为首辅推行了一系列改革,主要是推行一条鞭法,包括丈量田地、整顿赋税等措施。从这方面看,张居正是一个有作为的政治家。但他也有“阴”的一面,除了个人生活豪奢,还有庇护子弟仕进的嫌疑。张居正三个儿子都在他担任首辅期间考中进士,其中三

子张懋修和次子张敬修还分别取得进士第一名和第二名，也就是状元和榜眼。再就是，张居正父亲去世，按礼制，他本应以身作则，离职“丁忧”，但万历皇帝要他“在职居丧”（即“夺情”），他居然答应了。张居正死后，这些都成了他的反对派罗织其罪名的理由，因此落得个死后抄家的命运。

张居正死后的第二任首辅申时行，此前在翰林院任职长达十五年，不仅深谙朝廷体制运作的奥妙，对文官集团“阴阳”两面的双重性格和官场上的潜规则也有深切的认识，加上张居正的前车之鉴，因此在担任首辅期间，他采取“恕道”来与文官们相处合作，即试图以宽恕谦和的态度来调和文官们的“阴阳”，希望为官各人都能自动地尽其所能抑制自己的“私欲”，避免因激烈的方式而造成官员之间的冲突和引起官场震动，以维持整个官僚体系运行的平衡和平稳。然而由于官场上的派系矛盾和复杂的人事关系，单凭申时行的这种“和事佬”做法，是难以实现各方的利益妥协与和衷共济这样一个目标的。相反，申时行本人常被卷入争端之中，进退两难，甚至被同僚批评为一味妥协、毫无原则的政客。最终，无可奈何的申时行，先后提出十一次辞呈，最后才得以奉准退休。就这样，申时行失意地结束了自己的政治生涯。

海瑞也是一个极端的人物。他形象清廉，行政勤快，执法严明，许多地方豪绅甚至实权官僚，对他是既恨又怕。海瑞担任户部主事期间，甚至敢上疏批评嘉靖皇帝，列举皇帝的种种失责与过错，骂他是一个昏君。嘉靖皇帝的震怒是可想而知的，但他一时还真的拿海瑞没办法。据说海瑞进谏前已经准备好了一口棺材，大概是要以死相谏。嘉靖皇帝要是立马惩处海瑞，不但坐实自己“昏君”的骂名,还便宜海瑞万古流芳。所以直到第二年,嘉靖皇帝才找了个借口,下令锦衣卫逮捕海瑞,将其打入大牢。嘉靖皇帝死后,继位的隆庆皇帝才将海瑞释放出狱,之后不久又起用海瑞担任南直隶巡抚。但海瑞的毛病改不了,在整饬江南赋税的过程中,他强力打击豪绅大户,得罪了当地官僚权贵,结果又遭到弹劾,被迫辞职回乡,在家赋闲居然长达十五年之久。万历十三年(1585),海瑞又复出,担任南京都察院都御史的闲职,直到万历十五年(1587)去世为止。黄仁宇认为,即便有海瑞这样清正廉明、敢作敢为的官员,也无法改变当时文官集团普遍不作为的风气,无法解决地方行政效率低下的问题,因为在他看来,明代政府缺乏现代的管理组织和财税会计制度、货币制度以及商业法律,从而在地方行政和社会管理上难以进行技术上有效的“数目字管理”。过去大家都说海瑞一位模范官员,但黄仁宇认为,海瑞虽然一方面严格执法,但同时又始终重视伦理道德,比如在判案的时候,常常以伦理道德为指导,而不是以法律为准绳,缺乏真正的法治意识,所以他说海瑞是一个“古怪的模范官僚”。黄仁宇还进一步指出,由于受伦理道德的束缚,在家庭生活方面,海瑞也是一个不幸的人物。海瑞先后娶了三位夫人,第一任妻子生了个女儿,后来被休了;第二任妻子因为与海瑞母亲不和,也被休了;到第三任妻子,给他生了三个儿子,却都夭折了,而这位妻子后来也不知何故自杀了。按照中国传统的家庭伦理观念,“不孝有三,无后为大”,显然,海瑞的结局是悲剧性的。

再说戚继光。大家都知道,他是明代杰出的军事家,也是一位很有作为的将领。在训练军队、巩固国防方面,戚继光有很大的贡

献，不过他最终也逃不出官僚体制的羁绊。比如戚继光担任蓟州总兵期间，在首辅张居正的支持下，凭借他的军事才能，本可以对北部边防的军队体制和防御体系，进行一番有效的改革。但是，由于蓟州总兵与九边重镇其他总兵之间的互不相容，尤其是文官集团对武官的压制，以及整个官僚体制对军事体系的掣肘，戚继光在边防上的作为实际非常有限。戚继光实际上并不能专心于军备，他还要分出许多精力来应付官场上的“潜规则”。即便是对张居正，这位对他赏识有加和多有提携的首辅，戚继光也得用心经营关系，尽量保持暗中交往，以免留给政敌把柄。然而，欲加之罪，何患无辞。张居正死后被政敌清算的同时，戚继光也受到牵连，随后被朝廷贬调广东，万历十三年再次遭到弹劾，最后被罢职回乡。万历十五年，戚继光在贫病交迫中死去，一代名将就此陨落。在黄仁宇看来，戚继光最后的如此命运，是他面对明代阴阳两面官僚体制所必须付出的代价。

最后是李贽。对于他，我们一般是从思想史的角度来看待，认为他是一个思想激进的先锋人物，代表了明中叶以后个性解放与思想自由的新思潮。但在《万历十五年》里，我们看到的李贽却是一个复杂的人物，比如，他也深受传统礼制的束缚。李贽考中举人外出当官以后，却不敢回老家。为什么呢？因为按照儒家的伦理道德和集体观念，一个读书人，如果从乡村走出去，进入仕途，他就应当承担起关照家庭、甚至整个家族的责任和义务。但是俸禄微薄的李贽却承担不起这份责任，也不敢承担。因为他的族人不断向他要钱，李贽根本无法满足他们，他只好躲得远远的，尽量不回老家。黄仁宇认为这是明代读书人私利与公德冲突的一种反映。

事实上,李贽到最后连自己的生计,也都要靠朋友接济。另一方面,李贽不仅学说偏离正统,而且其行为举止也十分乖张,甚至有伤风败俗之举,例如他跟麻城梅氏家的一个孀居的女儿交往甚密,因此为当时许多官僚所不容。李贽的结局是被参劾下狱,最后在狱中自刎而结束生命。在黄仁宇看来,这是李贽对传统伦理道德的最后抗辩。

总之,从这本书我们看到,明代的这六个人物都深受当时伦理道德和官僚体制的束缚,最后的遭遇都是不幸的,或身败,或名裂,没有一个人功德圆满。黄仁宇认为,这种不幸不仅是个人的不幸,更是整个明王朝的不幸。所以,这本书看上去好像是在讲六个人物的故事,实际上是在讨论明朝的政治体制及其历史结局。此书英文版书名为 *1587, A Year of No Significance: The Ming Dynasty in Decline*,直译过来就是《无关紧要的 1587 年:明王朝的衰落》,其副标题本身就说明了黄仁宇在该书中想要讨论的主题,即明朝为什么会衰落。对此,黄仁宇的观点十分明确,即认为明王朝衰落的症结,主要在于官僚体制的运作过于强调道德、礼仪,而缺乏完备、有效、健全的法律、组织和管理技术,因而最终被东北新兴的满洲力量所取代。

三

对于黄仁宇的上述观点,我们又该如何看待呢?我想,但凡看过这本书的读者,应该都会有这么一个印象,即黄仁宇特别在意从现代西方社会的商业法律制度和组织管理技术的角度,来对比分

析中国传统(明朝)的儒家伦理道德、礼仪制度和官僚体制，从中暴露和批判后者的弱点与弊病，并以此解释明朝的衰落。在他看来，传统中国似乎只有引入西方现代的制度与技术，才可避免失败的命运。可见，黄仁宇看待明朝历史的角度、立场和观点，均具有明显的“现代的”和“西方中心论”的色彩。正因为这一倾向，《万历十五年》在赢得广泛赞誉的同时，也招致不少学者的批评。

不过我认为，问题的重点不在于《万历十五年》的上述局限，而在于它所提出的关于明朝衰落的这个论题。黄仁宇所讲的“明朝的衰落”(*The Ming Dynasty in Decline*)，主要是指明代官僚体制，尤其是中央行政的衰落，最后是明政权的灭亡。但这并不等同于明代中国的衰落。所以关于明朝衰落与否，本身是一个需要讨论的问题，而且应当置于明代总体的历史进程中，甚至整个明清史的框架下来加以考察。这就涉及如何评估明代在中国历史上特别是明清史上的地位和重要性的问题。这个问题很大，也很复杂。在这里，我想利用近年来的有关研究成果，着重谈谈明代历史的两个方面的重要变化，一个是明代社会控制体系的变化，另一个是明代礼仪制度的变化，以及这两个变化对清代历史的持续性影响。

明王朝对社会的管理与控制，要从明初洪武皇帝朱元璋建立的黄册里甲制度谈起。里甲制度是一套登记户口和土地财产的户籍管理制度，其做法就是把居住相邻近的110户居民编为一个里，其中人丁田产较多的10户立为里长户，其余100户为甲户或甲首户，分编成十个甲，每甲10户；然后将这些里甲户的人口和土地财产登记在黄册上。政府就以黄册上登记的土地和人丁为标准，确定田赋的税则和人丁轮流应役的办法，来向里甲户征收赋税和征派差役,并根据各户人丁和土地财产的变化,每十年重新调整一次。朱元璋推行这套里甲制度的理想,是要建立一种以自耕农为基础,人们的居住生活和生产相对稳定、赋役负担相对平均合理的小农社会秩序。但是在现实生活中,由于人口的自然繁衍增长和土地的自由买卖变动,特别是明初以后随着社会经济的发展,人口的流动和土地的转移更加频繁,同时由于明代地方政府人力、财力和人丁土地清查技术手段的不足,再加上地方官吏与豪绅大户之间种种的串谋作弊行为,这就使得黄册上登记的人丁土地数字与实际的状况相去甚远,结果造成各里甲之间以及一里一甲之内各户之间的赋役负担严重不均。

大概从宣德年间起,特别是到了成化、弘治年间,赋役不均的状况愈演愈烈,社会矛盾日益突出,各地里甲户逃亡的情况频频发生,原有的里甲组织随之解体,社会秩序濒临失控的状态,而官方十年一调整的黄册里甲编审逐渐流于形式。面对这种情势,全国的许多地方,尤其是在江南、华南等南方省区,地方政府开始根据本地的实际情况进行赋役整顿,主要是调整赋役项目的种类和税则,以及赋役的征收方式,包括合并赋役项目和简化赋役征收手续,如把名目繁多的赋役税费项目当中不合理的删去,把合理的部分保留并固定下来,并把人丁承担的差役(丁役),也就是人头税,按照一定的比例逐步摊入到田赋中来征收。这就是明代赋役制度的"一条鞭法"改革。各地的这些改革措施,到了万历初年张居正当政的时候,被总结归纳为全国性的制度,再向全国推广实施。所以说,"一条鞭法"其实是明中叶前后以来赋役制度改革的一个总趋势,并不是到张居正才有的改革,而且这个改革过程一直延续到

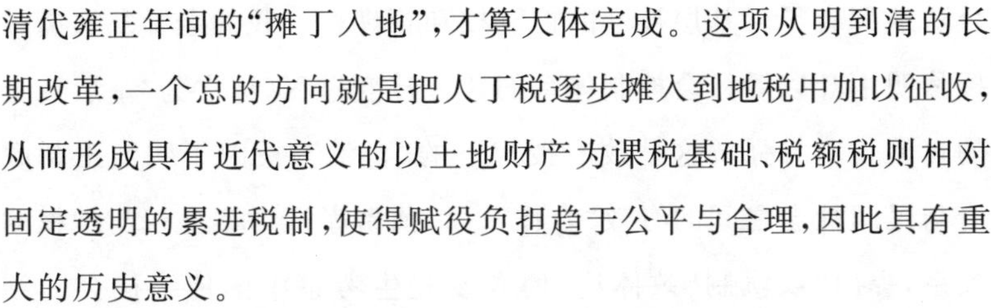

清代雍正年间的“摊丁入地”，才算大体完成。这项从明到清的长期改革，一个总的方向就是把人丁税逐步摊入到地税中加以征收，从而形成具有近代意义的以土地财产为课税基础、税额税则相对固定透明的累进税制，使得赋役负担趋于公平与合理，因此具有重大的历史意义。

然而更具深远意义的是，一条鞭法改革（包括“摊丁入地”）带来了明中叶以后地方财政体制和地方行政职能，尤其是整个社会控制体系的结构性变化。这是因为，在明初的时候，地方政府根据里甲编户的田产和人丁分别征收田赋和征派差役，其中田赋大多上解中央，存留给地方政府作为地方财政使用的数额很少，而地方政府能够支配的，主要在差役这一块，也就是人头税。当时差役的征派，其原则是有事则编佥，因而具有很大的临时性和任意性，地方政府往往可以随意征发民力或征收差银，说明明初的地方财政规模不受限制。但在明中叶一条鞭法改革之后，里甲编户所应承担的赋役项目、税则和总的额度，尤其是丁役（用银钱缴纳的役银）这一块，均以法律法规的形式明确固定下来，形成了赋役定额化管理的地方财政体制，地方政府的财政规模因此受到限制和压缩，进而导致地方行政职能的萎缩。也就是说，明中叶以后，在财政收入受到限制和财政支出日趋窘困的情况下，地方政府被迫放弃许多固有的行政职能，而许多本该政府承担的地方公共事务和公益事业，比如水利、教育、交通、慈善救济、地方治安等等，地方政府也无力承担，只好转移给地方乡绅和地方宗族等乡族力量来承办。从明清地方志以及各种民间历史文献的记载可见，明清乡绅、乡族组织全面接管了各种地方公共事务，并获得政府的认可和鼓励，从而合法地拥有了对基层社会的控制权和管理权。我的老师郑振满教授将明中叶以后社会控制体系的这一转变过程,称之为"基层社会的自治化",并强调这是政府授权下的"自治",反映了明清王朝政府与民间社会之间的有效"合作"。以前费孝通考察皇权与绅权的关系,提出"双轨制"政体论,傅衣凌先生考察中国传统社会的结构,提出社会控制体系中"公"与"私"两大系统的理论,也都不同程度讨论揭示了明清国家与社会之间的上述"合作"关系。

由此可见,关于明朝历史的盛衰演变,黄仁宇《万历十五年》只注意和强调了王朝官僚体制的衰落,忽视了政府授权之下的地方自治力量的崛起。明朝中央政权虽然在明中叶以后逐步衰落,并最后灭亡,但这并不意味着整个明朝国家的衰落,甚至不意味着政治制度的衰落。入清以后,清王朝继承了明朝的许多制度和做法,尤其是在赋役制度和财政体制上,继续沿着明代"一条鞭法"的方向,推行"摊丁入地"等各项改革措施,从而使得明中叶以后不断崛起的地方社会力量,到了清代以后有了更大的自主发展的空间,社会能量和社会活力得以充分释放和施展,这才迎来了所谓的"康乾盛世"。在这个意义上,我认为明朝的中国并没有衰落,而是处于自我转变崛起和持续发展的过程,并为以后清代中国的大发展奠定了重要的制度与社会基础。

关于这一点,我们还可以通过明朝礼仪制度的变革进一步证明。大家知道,明代礼仪制度的变革有两个重要事件,一个是嘉靖初年开始的"大礼议"事件,另一个是嘉靖十五年礼部尚书夏言提出的祠庙祭祖制度改革,而这两个事件又相互关联。事情的经过大致如下:正德十六年,正德皇帝朱厚照去世,因为无子嗣,所以朝

臣就让他的堂弟朱厚熜即位，也就是嘉靖皇帝。嘉靖皇帝登基后，面临着尊谁为皇考的问题，这个问题直接关系到嘉靖皇帝皇位继承的合法性以及未来入祀太庙的庙位安排，也就是皇统与庙统的问题。嘉靖皇帝想要追尊自己的生父兴献王为皇考，但遭到杨廷和等大臣的反对，他们认为嘉靖皇帝既然是按照“兄终弟及”的遗诏而继承了堂兄正德皇帝的皇位，就应该在礼仪上先过继给弘治皇帝（即正德皇帝的父亲）为嗣子，进而成为正德皇帝的嗣弟，这样才符合“帝统”，因此要求嘉靖皇帝尊弘治皇帝为皇考，即要求他先继嗣，再继统。但嘉靖皇帝拒绝这个做法，仍坚持追尊生父兴献王朱佑杬为皇考（献皇帝），而尊伯父弘治皇帝朱佑樘为皇伯考，之后又提出要追加生父庙号（睿宗），使其神主入祀太庙。这些想法和主张引起了朝臣的激烈争议，也遭到了不少大臣的强烈反对，但经过嘉靖皇帝的步步谋算和精心布局，到嘉靖二十四年（1545），他的愿望最终都一一得以实现。这就使得在皇族世系中原处于小宗地位的嘉靖皇帝，转变为大宗的继承人，从而确立了其皇位继承的合法性和庙位立祀的正统性。

正是在“大礼议”过程中，嘉靖十五年，礼部尚书夏言向嘉靖皇帝上奏，建议允许天下臣民冬至日可以祭祀始祖，同时允许天下大小庶官可以建立家庙。这样的建言，意味着天下臣民可以以大宗法来建庙祭祖。建言的结果是，对大宗地位之重要性深有体会的嘉靖皇帝，采纳和批准了夏言的这一改革建议。这个改革对中国人而言可谓是一件大事。为什么这么说呢？大家知道，历代王朝对于普通官僚和庶民百姓祭祀祖先都有严格的限制。唐宋以前暂且不论，就是唐宋以后的，一直到明清两代，法律上都明确规定，品官可以建立家庙祭祖,但最多祭祀到四代的祖先,也就是高祖;而普通老百姓不能建家庙,只能在家里祭祀,且最多祭祀到二、三代祖。也就是说,一般官僚和百姓在宗法祭祀上只能行小宗法,不能行大宗法,否则属于僭越礼制的违法行为。必须指出,这只是法律上的规定而已。实际上,宋元以来,民间祭祀始祖、先祖的活动已逐渐成为普遍的习俗,而建立宗祠祭祖者亦大有人在。这就是说,民间建祠祭祖的实践早已突破了官方的宗法限制。不过,这毕竟有违法制,实践过程中不能不有所顾忌。那么直到夏言提出上述改革建议并获准施行之后,民间建祠祭祖的做法才得以合法化。明中叶以后,特别是清代以来,各地宗族组织的广泛兴起和发展,包括祠堂的普遍兴建,族谱的大规模编修,族产的大量设置,应该都与嘉靖年间的这一宗法制度改革密切相关,其重要性也就不言而喻。而宗族组织的普遍兴起,既适应了明中叶以后基层社会自治化的历史需要,也构成了明清中国持续发展的重要社会力量。

由此可见,明王朝虽然最终衰亡了,但它所推行的宗法礼仪制度,跟它所推行的一条鞭法一样,一直贯彻影响到清代的历史。正如我前面所谈到的,一条鞭法改革,包括摊丁入地,结果导致了政府权力的下移和基层社会的自治化,以及地方社会的自主发展;而宗法礼仪制度的改革,则推动了明清家族组织等乡族力量的普遍发展,同时也形塑了民间社会的国家认同。二者相辅相成,共同构成了明中叶以后至清代前期中国社会兴盛的重要历史条件。可见,黄仁宇所批评的"不作为"的明代政府体制,以及存在种种"弊端"的礼仪道德,其实并不总是消极的历史因素,在总体的历史进程之中,它们往往发挥了独特的历史作用。

以上就是我对黄仁宇《万历十五年》的一点认识和看法。最后我想说,对于明代中国的历史,乃至整个明清史,不仅需要从黄仁宇所谓的西方国家“数目字管理”的大历史观和“技术上的角度”来进行解释,更需要立足于中国传统社会的总体历史结构来加以把握。也就是说,明清中国的大历史,不仅存在于王朝政治体制的运作中,更存在于社会生活的基本结构和日常运作之中,比如在家庭、家族层面,个人的生老病死,家庭的成长与分裂,祖先的祭祀与认同,以及其他家族事务的日常管理;在村落社区层面,不同家族之间的竞争与合作,社区公共事务的经营管理,等等这些方面,都有其内在的结构与运行机制,同时又与地方社会的历史发展进程、国家政治体制和礼仪制度的变革,乃至整个外部世界历史的变化,均有着千丝万缕的联系。我认为,分析和寻找日常社会生活的基本结构及其与外部世界之间的普遍联系,应是“大历史观”的题中之意。简单地说,所谓大历史,就是日常生活的基本结构和普遍联系。我的演讲题目之所以说“大历史无处不在”,即意在强调这一点。

印尼知识分子眼中的红色中国

——读刘宏的《中国与印尼的建构(1949—1965)》

高艳杰

2011 年,新加坡国立大学和日本京都大学联合出版了刘宏(Liu Hong)教授的《中国与印尼的建构(1949—1965)》(*China and the Shaping of Indonesia, 1949—1965*)。在这本书问世以前,关于冷战时期的中国与印尼关系,已经至少有十年的时间未看到研究性的中英文著作出版。尽管刘宏本人并非以冷战史研究见长的学者,但他的这部著作,却为"新冷战史"研究打开了一扇窗。

所谓"新冷战史"(New Cold War History),是指 20 世纪 80 年代末 90 年代初,随着冷战结束而出现的冷战研究的新趋势。"新冷战史"有诸多特点,其中包括"西方中心论"受到严重冲击,以及对第三世界的关注的加强。2007 年,挪威学者文安立(Odd Arne Westad)著的《全球冷战:美苏对第三世界的干涉和当代世界的形成》是冷战研究向第三世界转移的标志性著作。① 但是,翻看近年出版的以冷战为主题的著作,不难发现冷战研究的第三世

① Odd Arne Westad, *The Global Cold War: Third World Interventions and the Making of Our Times*, Cambridge: Cambridge University Press, 2007.

界转向,仍然有很长的路要走,在中国尤其如此。那些涉及第三世界冷战的研究,仍是以大国对第三世界的政策为主,依然还是大国的视角,所用史料也多来自主要大国,尤其是美国。时至今日,冷战到底如何影响和塑造了第三世界的发展,或者说第三世界的发展进程如何因冷战而改变,这才是人们更关心的话题。读者感兴趣的不仅仅是塑造的结果,还渴望探寻塑造的过程。

但完成这类研究存在巨大挑战,研究者除了需要具备多种语言能力之外,最大的挑战莫过于档案资料的限制。与美国、英国和日本这样发达的西方国家不同,第三世界国家通常缺乏完备而规范的政府档案解密体系。但档案一旦开放,相关研究就必然会取得突破,中国档案的开放就是个例子。2004 年,中国外交部解密了大批档案,靠着这些资料,产生了一批有价值的文章,但这两年因为种种原因,外交部乃至各省市档案又重新收紧。即使如此,相比其他第三世界国家,中国的档案解密状况已经算不错了。原始档案是冷战研究的生命线,利用双边或者多边档案的对照研究,还原史实,是冷战研究者的基本任务。通过档案回顾历史,有一种揭开历史神秘面纱的感觉;但另一方面,巧妇难为无米之炊,没有足够的档案支撑,冷战史的研究就难以为继,至少难以深入。可是,如果涉及第三世界相关国家的档案长期不解密,相关的冷战史研究是否就走向死胡同了呢?

除此之外,还有一个挑战,即当我们探讨冷战对第三世界影响的时候,至少包括两方面的因素,一是宏观的冷战国际环境,主要是大国的对外战略和相互作用;二是第三世界的变化和反作用,这是涉及第三世界冷战研究中最具挑战性的部分。也就是说,我们能够看到化学反应之前的条件和之后的结果,但却不知道其中化学反应的过程。政治、外交层面的相对会容易一些,但一旦涉及社会层面,就很难解释清楚。

第三个挑战是关于所谓"民心之争"(for the soul of mankind)的探讨。学界越来越把冷战看作是一场以美、苏为代表的两种制度和文化的竞争:一种是西方的资本主义轨道,另一种是社会主义轨道。在中苏分裂后,社会主义阵营又出现了两种道路,即苏联模式和中国模式,从而使得可供第三世界国家模仿和选择的发展模式达到了三种。但无论有几种选择,这种文化制度之争,最核心的方面就是"民心",即处于核心地位的"人",他们认为哪种制度代表着未来发展的方向?"民心",笔者认为可以理解成认知(perception),当我们讨论美国、苏联、中国这些大国在第三世界乃至对方阵营中采取的争夺民心的竞争时,其实质可以解释为:谁能够向这些第三世界国家证明自己的发展道路是最优越的?而优越与否的判断标准是由第三世界的客体决定的,即第三世界对这些国家的认知,会影响他们的道路选择。而这种认知,从某种意义上是和国家形象联系在一起的。但目前,我们却很少看到关于冷战时期的国家形象的严谨论著。

在笔者看来,对严谨的历史研究而言,国家形象的历史研究至少应涉及以下几个方面:

首先,必须分析文本形成的独特历史背景,包括作者本身的历史,作品在多大程度上反映了那个时代的面貌。单个作品的文本分析并没有太大意义,除非它引发了特殊事件、产生了重大影响,或者你能证明它代表了某种历史现象。

其次,必须分析这些文本所具有的代表性的有效范围,它代表着某个国家和地区某个时代的某一部分群体的观念,还是更大范围,一定是有限度的。事实上,一部严谨的历史著作,如果讨论整个西方的中国形象,是件很危险的事情。如何证明这些被选中的相关描述,就代表了整个西方,代表了动辄几十年甚至上百年的跨度,代表了数十个国家不同宗教、不同种族的人群,确实很困难。

最后,这些具有代表性的文本与它所代表的范围内的社会、政治发展的关系,简而言之就是必须对"知识—权力"的关系,给出清晰的交代。

因此,历史学人关于国家形象的严谨探讨在短时段、小范围内展开进行,更为可靠。越靠近当代的历史,越是如此。涉及更早期的国家形象,受制于史料的限制,或许不得不进行大范围、长时段的探讨,但其中就不可避免包含太多想象的成分。

兜了这么一大圈,似乎有点扯远了,但目的是为了证明刘宏著作的价值。《中国与印尼的建构》一书,对于冷战史研究的可贵之处在于,它既为解决前两点挑战提供了可行的路径,即在印尼官方档案尚未系统解密的情况下,他成功地完成了冷战前期中国与印尼关系的独特视角的探讨,充分展示了中国对印尼国家建构的塑造过程。而对于第三方面的挑战,即中国形象的研究,也满足了刚才谈到的几个条件。刘宏的著作,抓住印尼处于精英地位的知识分子群体,通过分析这些人对中国的认识,探讨了中国形象对印尼国家建构的影响,研究对象的时间跨度大约十六年,不算长,也不算太短。

关于研究的对象群体,刘宏的选择透露出一位历史学者的眼光。他所选择的知识分子,是最有可能留下大量文字记录的群体,能够为他进行细致的历史描述提供足够的材料。再往上,就变成了政府高层决策;再低一层的群体,则很难留下足够的文字记录。毕竟,作者探讨的时间范围只有区区十六年。这让我想起来前不久刚出版的另一本书,就是周锡瑞(Joseph W. Esherick)的《叶:百年动荡中的一个中国家庭》①,作者的对象选择同样很高明,他选择了叶家这个在中国社会处于顶层边缘的一个家族,这个家族的人既不是我们熟悉的重要历史人物,也不是底层到根本不会被后人记录的无名小卒,这个家庭从清末开始就参与到了中国历史的重大转变,只不过不是最核心的人物,而是按察使、知府这样的中层官吏,而家族的后人中也出现过政协副主席、中国最高科技奖获得者这样的名人,虽然他们从未处于中国权力的最顶层,但是又足够"精英",足以留下大量的文字记录。

刘宏的著作所探讨的印度尼西亚,是东南亚面积最大的国家,也是世界上最重要的海洋国家之一,是东西方之间海上交往的要道。印尼有 17508 个岛屿,按照 2010 年的统计,人口超过 2.37 亿。在古代,印度尼西亚并不一个统一的国家,印度教、佛教、伊斯兰教都对这个地区产生过重要影响,而伊斯兰教到 16 世纪末成为印尼地区的主要宗教。17 世纪初荷兰人在印尼设立总督府,开始了对印尼长达 300 余年的殖民统治。第二次世界大战期间,印尼为日本占领,但随着日本的战败,印尼民族主义者找到国家独立的

① 周锡瑞:《叶:百年动荡中的一个中国家庭》,史金金等译,太原:山西人民出版社,2014 年。

机会。1945 年 8 月 17 日,印尼革命领导人苏加诺(Sukarno)宣布印度尼西亚正式独立。此后,经过 4 年多的反荷斗争,印尼终于于 1949 年 12 月获得受国际社会承认的独立地位。从 1949 年到 1959 年期间,印尼模仿西方建立了议会民主制度,总理掌握实权,政党竞争构成了印尼政治的核心内容;从 1959 年至 1966 年期间,实行的是苏加诺为首的"有领导的民主"(Guided Democracy)体制,在这一体制下,政党政治被埋葬,取而代之的是以总统为核心的威权体制。

在冷战中,印尼奉行"中立主义",拒绝与任何集团结盟,但由于其重要的战略地位,成为两大阵营竞相争取的对象。冷战时期,印尼在相当长的时间里同时与中国、苏联和美国保持友好关系。如果我们把中美苏争相拉拢印尼视为一场和平较量的话,笔者特别感兴趣的是,为什么在 1965 年以前,实力相对弱小的中国赢得了较量。1964 至 1965 年期间,美国与印尼关系交恶,甚至走向外交关系破裂的边缘,与苏联的关系不温不火,唯独与中国的关系走向了顶峰。1965 年 8 月 17 日,印尼领导人苏加诺(Sukarno)竟然宣布建立"雅加达—金边—河内—北京—平壤轴心",与中国结成反帝的同盟关系。这里面除了现实的利益关系外,是否存在其他方面的原因,刘宏的著作似乎为我们提供了新的线索。

刘宏在讨论印尼人对中国的认知时,首先解释了谁是印尼国内的"中国形象的制造者"(China-image-maker)。刘宏认为,与美国不同,印尼不存在专门的中国观察家,因此那些受过高等教育的知识分子,充当了中国形象构建者的角色。他所说的印尼知识分子,是那些既受过高等教育,又渴望参与政治的群体,这一群体又被细分为两类:一类是政治知识分子(Political Intellectuals),另一类是文化知识分子(Cultural Intellectuals)。

按照刘宏划分的标准,政治知识分子是那些既直接在政府或者政治机构中任职,又坚持以一种知识分子的情怀关注国家的社会政治发展的精英群体,拥有权力和知识分子双重身份特征,这也是战后许多新兴国家普遍存在的现象。这类人包括印尼总统苏加诺、副总统哈达、印尼共早期领导人陈马六甲(Tan malaka)、总理沙里尔(Sutan Sjahrir)、外长苏班德里约、印尼共后期领导人艾地(D. N. Aidit)等。通过这类群体,关于中国形象的认识,与权力紧密连接在一起。而文化知识分子,就是传统意义上的纯粹知识分子,他们不直接在政治机构中任职。在中国形象的建构中,他们居于外围,主要是文学家、教育者,还包括在校大学生。

按照刘宏的逻辑,无论是哪种类型的知识分子,他们都与大众媒体保持着紧密的联系,并通过媒体对普罗大众发挥影响。而印尼在战后日益提升的识字率,也为这种影响的提升提供了前提。1950 年代,印尼基本享有高度的言论自由,这保证了不同的观点能够如实地被媒体反映出来。这是很重要的研究前提:缺乏言论自由就意味着作者引用的大批报刊资料中的内容,可靠程度会大大降低。

关于中国在印尼的形象的演变,刘宏进行了长时段的追溯。他认为,在 1600 年以前,前往中国的朝贡使团是印尼人获得关于中国认知的主要方式,而与中华帝国的交往也是当地人提升自己威望的重要手段。但是 1600 年至 1900 年期间,随着印尼逐步进入被荷兰殖民的时代,海外华人开始成为印尼人感知中国的重要

信息来源。但不幸的是,由于华人在荷兰殖民者统治之下,凭借其努力和才智变相地依附于殖民者,例如充当监工、贩卖鸦片、负责征税等,这些海外华人被本土人视为竞争者,并开始对华人产生敌意。受此影响,中国的形象也逐步变得更加负面。

1900 至 1949 年期间,两个国家的本土民族主义者都得到发展壮大。这一时期,中国不再意味着“强大的国度和文明之邦”,而是日益与反抗西方帝国主义和追求社会公正的革命联系在一起。也正是在这一时期,中国在印尼的形象,第一次有了意识形态方面的吸引力。苏加诺时代的知识分子,正是从这个时代开始,成为所谓中国形象的主要认知者。对东南亚的民族主义者而言,中国是一个参照标杆和潜在的反西方的榜样。孙中山领导的辛亥革命,同样也照亮了东南亚的民族主义者。换言之,此时的中国已经成为亚洲反抗西方的先锋角色,中国革命让印尼民族主义者找到了中国与印尼之间的共性,尤其是遭遇西方殖民压迫的共同经历,他们同时积极学习中国革命的经验。涉及孙中山、蒋介石、毛泽东的论著在印尼民族主义者中广为流行。斯诺的《红星照耀中国》,也在印尼广为流传。

整体而言,刘宏认为 1900 至 1949 年期间中国在印尼形象涉及三个层面。一、日益羸弱的被羞辱的国家,内部分裂,被西方帝国主义控制。二、革命的中国。印尼革命领袖之一的陈马六甲甚至曾在中国与孙中山面谈过,并对他的真诚无私感到印象深刻;印尼副总统哈达也曾写道:他年轻时曾大量阅读孙中山领导下的中国革命的文字,并认为孙中山这个名字为印尼革命青年所熟知;苏加诺提出的建国五原则,即潘查希拉(Pancasila),即源自孙中山的三民主义,这一点苏加诺自己也承认。三、平民主义(Populist)。印尼的民族主义者认为中共能够击败国民党,关键不在于其共产主义意识形态,获得人民大众支持才是主要原因。

关于印尼知识分子如何看待新民主主义社会时期的“新中国”,《中国与印尼的建构》一书谈到,1949—1956年期间印尼知识分子群体对新中国的认识开始出现明显分化,主要表现在三组问题上。

其一是关于新民主主义社会时期的中国的性质。部分印尼知识分子相信,中国的新民主其实是中国的民族主义,中共延续了中国的传统文化,印尼副总统哈达认为中国的共产主义是民族主义的变种,是民族政治体系的根基;甚至有人认为中国的新民主是一种有效的民主制度,要优越于美国的民主。但与此同时,另一些人对新中国的评价却是负面的。整体而言,持第一种观点的知识分子占据了主流,大部分人还是相信,新中国代表了人民的意愿,体制运转良好。

其二是中国的外交形象。新中国成立后,奉行“一边倒”的外交政策,与苏联签订了《中苏友好同盟互助条约》,建立同盟关系,随后又介入朝鲜战争,与苏联联合抗美援朝。在此背景下,印尼知识分子是如何看待新中国的呢?一部分印尼知识分子认为,中国是苏醒的狮子(awakening lion),是独立的、和平的力量。例如,首任驻华大使莫诺奴图(Arnold Mononutu)就认为,并不是所有的共产党国家都属于苏联集团,中共是中国人民革命的象征;前总理沙里尔认为,中国就像是南斯拉夫。言外之意,中共独立于苏联之外。基本上,这些人看到了中共与苏共的关系,但仍然认为中共是

独立的,中苏同盟关系是基于民族主义和现实政治的考虑。但与之相左的观点同时存在,另一些人相信中共是带有威胁的赤龙(threatening red dragon),是苏联帝国的傀儡,认为中共在政治、军事、经济、社会,乃至文化领域都受到苏联的严密控制。中共与苏联的结合将产生超级强权,而中国 6 亿人口需要食物和生存空间,他们需要寻找新的地盘,由于北方是盟友苏联,他们只能向东南方亚方向扩张。

其三是中国领导人毛泽东的形象。毛泽东常常被印尼人视为新中国的代表,是新中国的化身,就像孙中山是中国民族主义的化身。但与孙中山不同,印尼人对毛泽东的评价存在严重分歧。部分人认为毛泽东是哲学家和仁慈的统治者,觉得毛泽东和孙中山有诸多共同点,相信毛泽东是传统主义者和民族主义者。有几位见过毛泽东的印尼政治人物,如印尼前总理韦洛坡(Wilopo)和印尼民族党主席苏威罗约(Soewirjo),都认为毛是伟大的领导人,他得到了全体中国人的尊敬。印尼议会副议长赛努尔(Zainul Arifin)认为,毛泽东喜欢与别人交换意见,并乐于接受公开的批评。印尼前总理阿里也认为毛获得全体中国人的尊重。总而言之,毛在一些印尼知识分子眼中的形象是如此高大,以至于苏加诺曾八次邀请毛泽东访问印尼。但另一部分印尼知识分子,对毛泽东的评价却是负面的。

尽管存在上述对立的观点,但刘宏认为,整体而言,无论是关于中国的新民主主义、外交形象,还是毛泽东的形象,大部分印尼知识分子都倾向于将中华人民共和国与共产主义区分看待,尽管中国共产党统治中国,但他们看到的更多的是中国“非共产党”的一面,例如新中国对孙中山理想的继承、中国和苏联之间的明显差异、中国民主选举制度的存在等。用一位印尼官员的话说,当我们想到共产主义的时候,我们脑子里冒出的是苏联,而不是中国。

《中国与印尼的建构》一书同时谈及关于印尼知识分子对中国社会发展和经济增长的认识。作者认为,印尼人关于中国社会的认识很多来自于个人访问的亲自经历,并提出了非常有意思的"跨界对比"问题。所谓"跨界对比",即大多数印尼人要进入中国,都必须要转道香港,再由深圳进入大陆,而当时香港还处在英国的殖民统治之下,这让他们有了一次跨界的对比经历。

这种对比之下,大多数人对共产党统治之下的新中国的印象是:整齐、有纪律以及幸福的工作。正如一位印尼记者从香港进入中国大陆后,写道:穿过边界,一切都显得不同。这里,每个处在政府管理之下的中国工作者,都是为了他们自己的福祉;集体主义成为他们在工作上前进的动力。所有的海报、杂志、报纸和书籍都是关于经济建设的描写。在部分印尼人眼中,中国的集体主义明显优越于西方的个人主义,他们在批判西方的金钱崇拜的同时,赞美中国对集体贡献的珍视。在他们看来,中国社会呈现出和谐、充满活力、公正的景象。一个典型的例子就是,1957 年,一位印尼记者访问中国农村,在农村他惊讶地发现有个年轻的农民竟然是一位教授的儿子,这在印尼是不可想象的,按照印尼人的逻辑,一个教授的孩子肯定是待在城市或者学校,是上流社会的一员。但在中

国,一个教授的儿子竟然跑到农村去为国家工作。[①] 除此之外,那些来过中国的印尼人还发现,在中国,没有罢工,没有游行,这是他们认为中国社会和谐的原因。当有人提出罢工被禁止一说时,他们仍坚持认为,真正的原因是没有人需要罢工。

与中国的社会和谐、稳定相比,印尼人同样关注中国的经济发展。1950 至 1957 年期间,中国的国民收入平均增长率为 8.9%,从数字来看实现了经济的高速增长。而印尼作为新兴的国家,同样关注着中国的经济发展速度,包括中国的农业增长。在印尼副总统哈达与中国驻印尼大使黄镇的会谈中,他对中国经济发展经验表现出了浓厚的兴趣,提出了如何在农村地区开展合作社,如何劝服农民加入合作社,中国人的纪律观是如何培养出来的等一系列问题。显然,与印尼建国后国内经济几乎停滞不前相比,中国的发展速度令印尼人感到惊讶。需要指出的是,中国的经济发展速度之快,连印尼国内的反共人士都不得不承认。包括中国在 1958 年开展的人民公社运动,也得到了多数印尼知识分子的肯定。

基于对上述各种观点的汇总分析,刘宏认为,关于中国的经济发展成就,印尼知识分子内部基本不存在争议,只不过在认可态度上存在严重差异,但必须看到大多数人持肯定态度。一个典型的例子是,在 1963 年有人质疑人民公社的强迫性时,一位印尼杂志的主编反驳说,你可以强迫他们工作一天,但是你能强迫他们五年么?持肯定态度的人,将中国经济的成功归结于中国共产党超强

---

① 显然这位印尼记者对中国当时的政治局势不太了解,1957 年中国反右扩大化,大批知识分子被下放农村改造。

的社会组织能力和中国人的特性,如勤劳、自律、节约等;而反驳者则更多地强调经济增长的代价,如社会被严格控制、个人自由被牺牲等。

除了上述截然对立的系列观点,刘宏还谈到印尼人眼中的中国文化建设、宗教自由、知识分子地位等问题,这里不再一一赘述。刘宏在著作前两部分关于印尼知识分子对中国的认知的分析,是在搜集和使用了大量相关文本的基础上进行的,但不得不说,前两部分关于形象的分类描述,主要是"体力活":具备语言能力并获得大量文本的条件下,投入时间和精力,将不同类别的描述进行概括,并不是难以逾越的障碍。该书最具挑战性的部分实际上是在第二和第三部分,即关于中国的形象认知,如何演变成为影响印尼发展的"隐喻"(metaphor),改变了印尼的发展轨迹。

关于"隐喻"的含义,作者在前言部分已经做出解释,它并非是指诗性想象等,而是指从另一方面理解和体验某一事物。笔者认为,刘宏所说的隐喻就是一个群体对事物的认识,但不同的是这种认识是透过自身来看对方事物,从而形成一种综合了自身特性和对方事物特性的认识。但是印尼对中国的认知存在严重分化,那么共同的"隐喻"还存在吗?对此,作者的逻辑是:印尼人对中国的认知存在广泛的分歧,但是这些分歧背后又存在一些普遍的一致,即大多数人都不得不承认,中国是一个独立的、平民主义的民族主义国家,其新民主主义社会,是一种民有、民治、民享的民主;中国对外政策是和平友好;中国社会为有序、和谐和充满活力的社会;中国的文学也被认为是代表了大众的真实情感,且知识分子受到尊重。

与此相关的另一组问题是,为何很多持反共态度的知识分子,也基本对中国的发展持肯定态度?为什么中国是共产党国家,印尼人却更多地将其视为民族主义国家?为什么毛泽东时代的中国明明强调阶级斗争和冲突,而印尼人眼中的中国却是社会和谐而民主?对此,刘宏试图从印尼战后自身的发展中寻找。刘宏发现,印尼自身国家建构的失败,是印尼知识分子将中国形象理想化的主要原因。

同样是在1949年建立的新生共和国,印尼独立后经历怎样的发展呢?作者首先交代了印尼议会民主制探索的失败,这是一个早已被深入研究的问题,为便于理解作者的思路,笔者结合其他关于印尼的研究,对印尼战后的发展困境进行简单介绍。

1945年8月17日印尼宣布独立后,通过了印尼共和国第一部宪法《1945年宪法》,苏加诺当选为共和国总统,哈达为副总统,实行总统内阁制度,总统掌握国家实权,只对立法机构负责。但是随即在当年11月11日,由于遭到同样身为革命领导人的沙里尔等人的反对,印尼政治体制由宣布独立时的总统制变成由总理领导的内阁负责的议会制,苏加诺因此成为有名无实的总统。印尼选择了议会民主制,这也是普遍拥有西方教育背景的印尼精英模仿荷兰、英国的政治发展模式而做出的选择。在议会中多数党组成内阁,内阁向一院制的立法机构负责,没有多数党的情况下则组建政党联合内阁。到1950年印尼完成国内统一后,这一议会民主体制通过1950年的《印度尼西亚共和国临时宪法》得到延续和确立,总理掌握实权,其领导的政府向议会,而不是向总统负责,总理的背后是支持他的党派或者党派的联合。但是,印尼政党派别繁多,缺乏稳定且占绝对优势的政党,结果导致政府更迭频繁。从1950年到1957年期间,印尼先后6次组阁,平均每任政府的寿命只有12.4个月,政党力量的冲突和结合,是导致内阁短命的主要原因。经济方面,尽管1950年至1955年期间,国民生产总值年增长率达到5.6%,但此后急剧下降,1958年后,增长率降低为1.7%。

除此之外,国内叛乱和西伊里安争端同样威胁着新生的印尼共和国。爪哇和马都拉岛被视为印尼的政治、经济和文化中心,而爪哇之外的苏门答腊、加里曼丹、苏拉威西等地通常被称为外岛(outer islands)。1956年底,印尼军队职位变动引发的政治危机逐步演变为外岛叛乱,并在1958年升级为印尼内战。叛乱爆发的深层次原因大致包括三个方面:一、印尼陆军内部的中央专业军与地方游勇之间的矛盾;二、以爪哇为中心的中央政府与外岛地方政府关于资源分配问题的矛盾;三、印尼独特的群岛地理环境,造成了外岛地区向来具有很强的离心力。虽然外岛叛乱最终被印尼中央政府平定,但外岛叛乱使得印尼的议会民主制度遭到毁灭性打击,在国家实行议会民主制度多年后,国家未见繁荣稳定,反而陷入了分裂的边缘。

西伊里安争端(West Irian Dispute)是印尼与荷兰关于西伊里安地区主权归属而引发的领土争端。西伊里安是新几内亚岛的西半部分,印尼人一直认为荷兰势力在西伊里安存在,就等于反殖民事业尚未最终完成。荷兰在西伊里安问题上态度强硬,到1952年直接拒绝与印尼再进行交涉,1954年后,印尼连续将争端诉诸联合国,但在投票时都以失败而告终。

由于独立后国家各方面都不景气，刘宏认为，在议会民主制度探索的过程中，印尼人充满了悲观的情绪。与“中国社会的整齐划一和高速经济发展”相比，印尼的标签则是“政治动荡、社会分裂、文化对立、经济停滞、种族/区域冲突”。印尼人之前对独立后的国家充满期待，认为独立将引导他们走向公正和繁荣的社会。但经过几年的发展，印尼人并未享受到独立的果实。

在模仿西方议会民主制度的探索和文化发展探索失败后，印尼知识分子并未停止探索的脚步，他们考虑到的出路主要有两条。一是回归东方精神(Eastern Spirit)，建立印尼认同。这条路径的产生，主要源于对西方负面影响的批判。至1957年，随着国家政治陷入危机，印尼人对议会民主制度的不满越来越强烈，他们希望找到印尼人自己的民主制度，而不是西方的民主制度，希望建立起基于“团结、诚信和稳定”的东方精神式的民主。二是民族主义之路，主要是建立民族团结。

刘宏认为，在出现的这两条路径中，中国的发展都具有强烈可比性，并具有强烈的吸引力。首先，两国具有类似的经历，都处于国家和社会的转型期，而中国已经取得了令人瞩目的成就；其次，尽管中国是共产党国家，但印尼更多地将其视为具有东方传统的亚洲国家，是取得巨大成就的东方邻国。正是在这种具有可比性的强烈对比之下，印尼人形成了对中国形象的认知，而他们对中国的肯定态度，更多地是来自于对自己国家发展的不满，而不是客观的中国的反映。换而言之，印尼知识分子脑海中的理想化的中国形象，是他们对自身不满的一种副产品。在这一产生过程中，他们把对自己国家的认识转移到了对中国想象的认知上。结果，不但使得中国成为一种“隐喻”,而且成为政治和文化主张的表达之地。这样,中国在印尼知识分子眼中,成了一个民主、民族统一、社会充满活力、经济迅速发展、政治稳定的完美参考。正因为如此,作者在探讨“隐喻”的实质时,认为它就是印尼人用自己的棱镜去看中国这面镜子。

除了强烈的反差对比,刘宏认为中国与印尼外交关系的发展也为印尼人塑造积极的中国形象提供了条件。关于中—印尼外交关系的发展,作者并未着墨太多,为便于理解两国关系的演变,这里做一个简单介绍(内容与刘宏的著作略有不同)。印尼在1953年以前基本上奉行了亲美的中立外交路线,与中国关系较为疏远。1950年,苏联和中国先后承认了印尼的独立,但是与美—印尼关系不同,印尼在与中、苏建交后,迟迟未向两国正式派遣大使。直到1953年阿里政府上台后,印尼开始在此前的“独立和积极”(independent and active)的外交政策的基础上,进一步将印尼外交政策定义为“不结盟”(non-alignment)。阿里认为“独立和积极”包含着消极的因素,而“不结盟”更能强调印尼在冷战中“不倒向任何集团”的立场。① “不结盟”外交口号的提出,意味着印尼此前奉行的“中立但明显亲美”的做法将出现调整。印尼与社会主义国家的关系才得到实际改善。

1953年至1954年期间,印尼先后向中国和苏联派遣大使,并且开展了频繁的经贸往来。中国还派出以周恩来领衔的代表团于

① 阿里·沙斯特罗阿米佐约:《我的历程》,周高塔等译,北京:世界知识出版社,1983年,第164~165页。

1955 年应邀参加了在印尼万隆举行的亚非会议，并在访问期间与印尼签署了解决华侨双重国籍问题的协议，为两国关系的进一步发展奠定了基础。从 1953 年到 1965 年期间，中国与印尼的关系整体而言，呈现上升势头。其间虽然因为 1959 年印尼排华问题出现过波动，但由于中国政府的克制态度，中—印尼的友好关系并未受到重创。总而言之，能支持印尼的我们都支持，印尼想举办新兴力量运动会，中国支持，甚至出资帮印尼建大楼；印尼退出联合国，中国支持；印尼要发展核技术，中国也支持，并表示不支持就“不够朋友”；苏加诺有肾病，我们找找最好的中医给他治疗。

这样，两国关系迅速走向了前所未有的高度。到 1965 年，印尼退出联合国组织，和中国一样成为现有国际秩序的挑战者。1965 年 8 月 17 日的独立日演讲中，苏加诺公开宣称反帝轴心，中国—印尼的准同盟关系形成。① 需要注意的是，在 1950 年代，印尼知识分子关于中国的印象存在较大分歧，到 1960 年代随着中印关系的蜜月期到来，对中国的评价几乎都变成肯定的了。除了双方的外交层面的交往外，为了进一步与印尼开展合作，中国采取了积极的宣传攻势，帮助自己塑造积极的形象，主要是文化交流，比如派遣文化使团，在印尼发行图书期刊、报纸等，通过驻印尼大使与印尼高层保持密切联系等，这些都对两国关系的升温起到了推动作用。

1956 至 1958 年是印尼从议会民主制转向苏加诺为首的“有

---

① 《在印度尼西亚独立二十周年庆祝大会上苏加诺总统的演说》，《人民日报》1965 年 8 月 28 日，第 4 版。

领导的民主制”的转变期,刘宏在分析这一转变过程时的基本逻辑是:中国隐喻影响了苏加诺,进而改变了印尼的政治转型。苏加诺将中国视为政治的参考点,用“有领导的民主制度”,取代西方议会制度。在理解刘宏的分析之前,我们先要注意两个问题。首先,1956 年访华是影响苏加诺对中国认识,并进而影响其政治理念的一个重大事件。但是,在访问中国之前,苏加诺对孙中山的三民主义有系统的研究,并相信中—印尼两国在获得独立方面拥有共同点,同时也认为中国是一个民族主义的平民主义的国家,这也符合大多数印尼知识分子的判断。第二,1956 年 10 月苏加诺访问中国的时间,是一个关键性的节点,它出现在印尼外岛叛乱前夕。也就是说对中国的访问,和印尼议会民主制度崩溃的时间点基本重合。那么 1956 年的这次访华之旅,到底有着怎样的影响,又是在怎样的一个国际背景下发生的呢?

1956 年,在印尼议会民主制度陷入崩溃边缘之际,苏加诺的地位反而得到了提升,主要的大国尤其是美国,将拉拢苏加诺作为其对印尼政策的重要部分,并为迎接苏加诺做了积极的准备。而苏加诺也明确表示,他访问完美国,还会到苏联、东欧、中国等社会主义国家看看。结果使得苏加诺的这次旅行,成了一场“苏加诺之争”。

1956 年 5 月 16 日,苏加诺如期对美国进行了正式访问,受到美国方面的热情欢迎。美国政府在纽约为苏加诺举行了盛大游行,哥伦比亚大学和密执安大学授予其名誉博士,苏加诺还参观了底特律的工程,在沃尔特·迪士尼(Walt Disney)的陪同下参观了迪士尼乐园,并在美国国家出版俱乐部以及盐湖城的摩门教堂

发表了演说。苏加诺在访问美国国会期间,同样发表了精彩的演讲,他将美洲革命同亚非联系在一起,他的演讲被美国一位议员评价为自丘吉尔以来获得最多掌声的演讲。为取悦苏加诺,美国提前准备好了总价值为3500万美金的援助计划。

刘宏认为,苏加诺对这次美国之行或多或少是存在失望的,尽管他对美国的物质文明印象深刻,但他认识到两个国家完全处于不同的发展阶段,要赶上美国是非常困难的。此外,由于苏加诺蔑视资本主义及其产生的不平等,美国的经验对他并没有吸引力。

结束美国之行后,1956年8月苏加诺率印尼代表团对苏联进行国事访问。尽管苏联向印尼提供了一亿美元的无条件援助,但从发展道路认知的层面看,苏加诺及其代表团成员并不认可苏联的发展状况。刘宏指出,印尼人认为,尽管苏联也取得了巨大的物质进步,但他们同时看到了贫困、肮脏,和仍然停留在十九世纪的工作和生活方式。

显然苏联模式对苏加诺并没有吸引力,美国的模式也不适合印尼,这就构成了苏加诺随后访问中国的历史背景。

9月30日,苏加诺正式对中国进行了访问,感受到了在其他国家永远无法感受的超大规模的群众欢迎仪式。毛泽东亲自到机场迎接苏加诺,苏加诺乘坐敞篷车接受北京三十万群众的夹道欢迎,欢迎的队伍从机场一直延伸到市区。中国人民欢迎苏加诺,就像迎接盛大的节日,把苏加诺访华视为国家的重大事件。苏加诺为这种热情的接待感动地流眼泪。①

刘宏指出,苏加诺感叹于中国经济的高速发展,对中国搞的一些诸如武汉长江大桥等重大工程表现出了极大的兴趣。代表团回国后在国会的陈述,清晰地表明了苏加诺等人的观点,即他们认为中华人民共和国在生产和工业领域已经赶上了西方的水平。对苏加诺而言,中国的成功并非源于其共产主义意识形态,而是其政治稳定,中国人民构建成了一个整体。由于这种团结,中华人民共和国永远不会被消灭。中国人所展现的精神力量、强有力的领导和统一,正是苏加诺早已萦绕于心的要素。中国的成功案例,帮他进一步肯定了这些想法。

苏加诺的1956年的中国之行,对塑造他脑海里的"中国"产生了关键的影响,中国成为新兴独立国家成功实现经济社会发展的样板。苏加诺表示,他在中国看到了有领导的民主的实践,而唯有这种民主可以将人民带入新的世界,一个真正公正、繁荣的世界。10月28日,在苏加诺返回国内后,他正式宣称,他对中国人民建设新社会的努力印象深刻。随后他又将矛头指向了自己国家的议会民主制度。他说,我们在1945年犯了巨大的错误,急着建立政党、政党、政党。两天后,他发表了著名了的埋葬政党的演说。他宣称,中、苏之行令他感到震撼,我不再做梦了,我提议人民的领袖们授权并决定埋葬政党。

关于中国之行对苏加诺的影响,刘宏认为有三个方面:一、中

---

① 《首都数十万人夹道欢迎苏加诺总统,毛泽东主席到机场迎接印度尼西亚贵宾》,《人民日报》1956年10月1日,第1版。

国的成功案例在此强化了苏加诺的观点,即印尼现在的政治体制应当彻底重新组织;二、苏加诺对中国模式的认知,为其提供了可行的模板;三、在形成建设性的政治变化方面,中国提供了可行的案例。1957 年 2 月,在议会民主制度陷入失控之际,苏加诺提出了他的“有领导的民主”方案。到 1959 年,印尼正式宣布实行“有领导的民主体制”,恢复《1945 年宪法》,实行总统制。通过政治改革结束了政党竞争,采取了一种更加集权的威权统治机制。结果,我们看到,在印尼议会民主制度陷入崩溃之际,中国发展道路的“成功”成为刘宏所说的“隐喻”,为印尼人指明了一条不同于西方的现代化发展道路,而苏加诺作为印尼最有统治力的人,同时也是这批知识分子的代表人物之一,完成了最终的实践,他埋葬了此前模仿西方建立的政党政治。“中国”,改变了印尼的发展轨迹。

刘宏的《中国与印尼的建构》为冷战史研究、中—印尼关系史研究提供了新的路径,冷战如何塑造了印尼的发展,中—印尼关系何以在 1960 年后急速升温等,都可以从中找到新的线索。这部著作却为冷战学者提供了一种扎扎实实的研究方法和方向,成功展示了冷战与第三世界之间的化学反应过程,值得引起冷战史研究者的思考。它提示我们在缺乏系统解密档案的前提下,如何变换研究视角,摆脱对档案的过度依赖;同时,在探讨文化冷战时,不要只关注高层的心理战和宣传战策略,探讨民心本身,才更能引起读者的共鸣。

另一方面,透过刘宏的思路我们可以发现很多需要进一步探讨和争论的问题。比如,既然 1960 年后印尼的精英群体如此认同中国的发展模式,那么在“九三〇事件”后,“排华”却轻易而迅速地成为印尼社会的主流？此外，以苏加诺为代表的印尼知识分子认同中国的发展模式，但与此同时美国政府积极发展与排华的陆军军官的联系，并成功培育了一批亲美的军官，这批军官更认同美国的发展，最终的结果是1965年后这批人在印尼占据统治地位。在刘宏著作的基础上，讨论陆军军官对中国的认识，是值得进一步关注的题目。

东方地中海？

——读安东尼·瑞德《贸易时代的东南亚》①

陈　遥

尊敬的盛老师，亲爱的各位同学，大家晚上好，很高兴有机会主讲盛老师主持的“人文经典系列讲座”。今天讲座的题目叫作“东方地中海？——读澳大利亚安东尼·瑞德教授的《贸易时代的东南亚：1450—1680》”。该书的主要译者北京大学的吴小安教授是厦大历史系的系友。本讲座主要分为三个部分：一、为什么读这本书；二、该书的主要内容是什么；三、如何评价这本书及能得到什么启示。

---

① 安东尼·瑞德：《东南亚的贸易时代：1450—1680》（2卷），吴小安、孙来臣、李塔娜译，北京：商务印书馆，2010年（Anthony Reid, *Southeast Asia in the Age of Commerce, 1450—1680, Volume One: The Lands below the Winds*, New Haven: Yale University Press, 1988; *Volume Two: Expansion and Crisis*, New Haven: Yale University Press, 1993）。笔者认为书名翻译成《贸易时代的东南亚》可能更确切。不论从语法结构和作者整体史视角，及全书的结构和内容上看，用贸易时代修饰东南亚，比用东南亚修饰贸易时代可能更确切。厦门大学的《南洋问题译丛》曾节译过这本书，当时的书名也是翻译成《贸易时代的东南亚》。如果从作者借鉴布罗代尔的名作《地中海与菲利普二世时代的地中海世界》来看，《贸易时代的东南亚》这种译法也更接近于作者的原意。

一、引子:关于经典

在正式开始讲座前,我先介绍下引子——什么叫作经典(人文)。自从盛老师让我准备这个讲座,我就一直在思考什么是经典。不过,在这里我并不准备对经典进行定义,而只是从影响力的角度进行简单界定。我认为经典是那些对人类历史发展进程产生过重大影响的著作,或是对学术研究本身产生重要影响的著作。前者主要是指《论语》、《圣经》、《古兰经》和《政府论》等这类作品,这些著作对人类历史所产生的影响是不言而喻的。后者主要指布罗代尔的《地中海与菲利普二世时代的地中海世界》、麦克尼尔的《西方的兴起:人类共同体史》、斯塔夫里阿诺斯的《全球通史》和亚历山大·温特的《国际政治的社会理论》等这类作品。布罗代尔是法国年鉴学派的主要代表,他的《地中海与菲利普二世时代的地中海世界》是整体史研究的典范,今天所介绍的《贸易时代的东南亚》主要是借鉴它的结果。而麦克尼尔的《西方的兴起》与斯塔夫里阿诺斯的《全球通史》则是全球史的主要代表,亚历山大·温特的《国际政治的社会理论》则是国际关系理论中建构主义学派的主要代表,这些著作对相关学科领域的研究范式的转变起到重要的推动作用。我觉得作为厦大的学生,各位不仅需要读前一种经典,也需要读一读后一种经典。

二、为什么读《贸易时代的东南亚》

下面我正式讲解第一个问题，我为什么选择这本书与大家分享或者说为什么该书称得上经典。关于这个问题，我想从以下三个方面进行阐述：一、安东尼·瑞德其人及其学术成果；二、安东尼·瑞德为什么要写这本书；三、该书对东南亚研究范式转变的促进或贡献。

作者安东尼·瑞德（Anthony Reid）是著名的东南亚历史学家，毕业于剑桥大学，曾先后在马来亚大学历史系、澳大利亚国立大学太平洋及亚洲研究院、美国加州大学洛杉矶分校东南亚研究中心等地任教。2002 年，任新加坡国立大学亚洲研究所首任所长。曾担任澳大利亚亚洲研究学会主席，目前兼任着国际学术界 20 余本与东南亚区域研究有关的学术刊物的编委。其代表作主要有：*The Contest for North Sumatra：Atjeh，the Netherlands and Britain*（《北苏门答腊之争：亚齐、荷兰和英国》，剑桥大学博士学位论文），*The Indonesian National Revolution，1945—1950*（《印度尼西亚民族革命：1945—1950》），*The Blood of the People：Revolution and the End of Traditional Rule in Northern Sumatra*（《人民的力量：北苏门答腊的革命与传统统治的终结》），*Southeast Asia in the Age of Commerce，1450—1680*（《贸易时代的东南亚：1450—1680》）。

瑞德认为传统史学在研究东南亚的问题上存在着很大的局限。在他看来，殖民主义史学把东南亚作为西方的陪衬，而不是东南亚舞台上的主人。民族主义史学主要关注西方的殖民侵略,局限于对西方殖民活动受害者身份的叙述,或是孤立于国际视野和比较视角之外。东方学、民族学又支离破碎,无法有效地研究整体问题。因而,瑞德借鉴布罗代尔的《地中海与菲利普二世时代的地中海世界》而研究东方地中海的东南亚整体史,希望突破以上所有的局限。

这本书在东南亚研究的范式上有比较大的突破,主要体现在采用整体史视角,运用无所不包的方法,强调普通人的日常生活的历史,突破赛代斯、约翰·霍尔等学者以印度或欧洲为中心、以政治史为中心研究东南亚史的局限。

瑞德特别强调要摒弃"东方社会一成不变"的陈词滥调,更要避免将其视为已经日薄西山,江河日下。他认为贸易时代给东南亚所带来的变化与欧洲一样巨大,虽然变化方向不尽一致,并强调东南亚贸易港口的繁荣和东南亚人是贸易时代东南亚的主人。

该书是近年来西方对早期东南亚史研究的最重要成果。"同样重要的是,瑞德的《东南亚的贸易时代》凸显了东南亚地区在该时期世界体系中举足轻重的作用,重新构筑了前殖民地时期的东南亚史,并将东南亚史的研究推到了一个新的高度。迅速成为东南亚文明史方面最有影响力的经典著作,被译成印度尼西亚文、泰文和日文。"[①]由于此书对亚洲乃至世界历史研究的影响,瑞德也凭此获得了日本的"福冈奖"。2009 年新加坡东南亚研究所的《旅居》杂志把该书选入"最有影响的东南亚研究著作"(排名第二

---

① 译者之一李塔娜对该书的评价。

位）。所以从学术影响力的角度来看，本书可以算得上是经典。

三、《贸易时代的东南亚》简介

讲座的第二个问题是《贸易时代的东南亚》主要讲了什么及如何讲的，也是对东南亚近代史的一个简单概括。全书共分两卷。第一卷：季风吹拂下的土地。本卷主要致力于探讨贸易时代东南亚地理、物质和社会的结构性概况。主要分为五章。第一章：导论：风下之地；第二章：自然福祉；第三章：物质文化；第四章：社会组织；第五章：节庆与娱乐。第二卷：扩张与危机。主要分析上述背景下所发生的，年鉴学派所说的中时段运动与短时段事件，共有五章。第一章：贸易时代：1450—1680；第二章：城市与贸易；第三章：宗教革命；第四章：专制国家的弊病；第五章：东南亚贫困的起源。这里主要参照全书两卷的目录（有所调整）进行讲解。

第一卷主要讲解东南亚自然和人文地理（整体性基础）、日常生活、依附制度、社会习俗、两性关系和节庆娱乐。东南亚的自然地理和人文地理是瑞德建构东南亚整体性的主要基础，不过相对于布罗代尔对地中海周边地理环境的非常详尽的分析不同，瑞德对东南亚地理描述得异常简洁。瑞德首先指出南部太平洋板块和印度洋板块挤压而成地质弧（苏门答腊、爪哇、巴厘和龙目等组成的巽他群岛）与东部火山弧、菲律宾群岛及北部喜马拉雅东部山脉一起构成东南亚整体性的地理基础。瑞德进一步指出水和森林是对东南亚影响最大的两个因素。陆路交通步履维艰，水路却四通八达，这一方面使得东南亚免于被北方游牧民族入侵，另一方面使其对世界各地保持开放,成为东南亚内外贸易的主要通道。接下来,瑞德从人文地理的角度进一步阐释东南亚的整体性。从一般意义上说,东南亚拥有不同的语言、文化、宗教、种族和族群等等,在文化上是极其多元化的,所以很难概括其整体性。但瑞德认为,如果学者们改变视角,从宫廷政治转向普通民众的民间信仰和社会实践时,东南亚的共同性或整体性就跃然于纸上了。从语系上看,东南亚一半以上人口为南岛语系(菲律宾、马来西亚、印尼和越南东南部)。从对共同自然环境的适应(稻米为主食、妇女使用手指刀、嚼槟榔、住高脚屋和相信精灵)和广泛的贸易联系看,这种整体性则更为明显。从本质上说,东南亚根本性的文化特质使其作为一个整体呈现出其与中、印不同的特点。“核心特质包括神灵或使生物焕发生机的灵魂等概念,女性在世袭、仪式、贸易和农业生产中的主导作用,及其以债务来确定社会责任这一做法的重要性等等。”不过瑞德把越南排除在东南亚的整体性之外,因为,他认为越南的文化特征更类似于东亚的儒家文化,而不是东南亚文化。

正如前面指出,瑞德强调分析贸易时代东南亚人的日常生活。对此我们可以从服饰、饮食和住房三个方面进行考察。可能是气候、发展水平和价值观念等原因,贸易时代早期的东南亚普通百姓经常“赤身裸体”,甚至有的成年女性也不穿上衣,这一点曾令西方观察家感到异常惊讶。东南亚的传统服饰叫纱笼,是将一整块布(类似大浴巾)从腰部裹起来,当然有很多种裹法。大家可以看出,这种穿法非常方便、简洁和凉快,与古典时代希腊、罗马人的上衣有一定的相似之处。2013 年中国第一夫人彭丽媛参加在印尼举办的 APEC 会议期间,印尼第一夫人克里斯蒂亚妮曾亲自帮彭丽

媛系上沙笼的腰带。在贸易时代，东南亚民众的服饰受宗教等因素的影响，开始出现多元化的趋势，比如出现过欧洲的夹克。总体而言，东南亚人特别喜欢装饰，但表现在服饰上的贫富差距不大，另有染齿和凿齿的习俗。

东南亚居民的住房非常简朴，以陡顶木质高脚屋为主，砖石房屋很少。高脚屋具有防洪、防兽和防潮等功能，它们易于搭建也容易被损毁，成年男性大多都是造屋能手。中国闽南的建筑与其有一定的相似性，比如厦门的楼盘一楼大多不住人，设计成储物间或空置（近年来多为车库），从外形上看，也是"高脚屋"。与轻巧简便的高脚屋形成强烈对比的，则是高贵、雄伟、壮观，甚至金碧辉煌的东南亚的庙宇或相关宗教建筑。这些建筑特点在一定程度上反映了气候、财产权、安全和观念等因素对建筑的影响。

此时期的东南亚人主要喝山泉水或沉淀的河水，他们习惯把冷水煮开后饮用。瑞德认为，西方人或许从东南亚或华人那里了解到喝开水的好处。东南亚人的主食为稻米，喜欢吃鱼，但总体上肉类消费少于欧洲。他们大多在地板上用餐，用香蕉叶或木碗做器皿，不用刀叉或筷子，直接用手抓，使用右手蘸水把米饭捏成团，塞到嘴里。与文艺复兴时期西欧人用餐的繁文缛节不同的是，东南亚人很少有用餐礼仪，但必须餐前饭后洗手和用右手吃饭。与文艺复兴时期西欧人很少洗澡（传染病和医学观念的原因）不同的是，[①]贸易时代的东南亚居民几乎每天洗澡。

---

① 唐纳德·卡根、史蒂文·奥兹门特、弗兰克·M. 特纳：《西方的遗产》下册，上海：上海人民出版社，2009 年，第 540 页。

东南亚物质文化和社会组织也表现出与中国、印度或是欧洲有较大的差异，这种总体上的差异也是瑞德眼中东南亚整体性的重要表现之一。在这里，本人仅从依附制度、嚼槟榔习俗及两性关系三方面进行阐述。

东南亚依附制度（或庇护制度）是其社会和政治文化的重要特征，这种文化也影响到当代东南亚的国内和国际政治关系。依附制度的产生有其独特的背景。东南亚地广人稀，人力资源很宝贵，因而依附人数而不是土地成为个人权势的主要来源和象征。同时民众相对缺少政府提供的经济和安全保障，私有财产权得不到有效保障，促使普通民众乐于接受权力的庇护，以保障生存安全和获得发展机会。依附人主要来源于战俘、债务人、主动依附、养子、继承、礼物等。根据詹姆斯·斯科特等人的观点，依附人与被依附人的关系是不平等的，是一种垂直互惠关系或是工具性友谊，这种制度与奴隶制及封建制度有较大的区别，自由和依附的概念相对模糊。这种不平等的互惠关系，影响公民社会形成和民族经济发展，也扭曲了东南亚当代民主政治。

嚼食槟榔果是东南亚非常流行的风俗。槟榔果与蒌叶及石灰混合起来会产生多种生物碱，让大脑和中枢神经系统放松，分泌红色唾液，产生清爽的感觉，从而祛除湿热。在东南亚的社会文化中，槟榔的作用类似于咖啡和香烟。槟榔在社交、祭祀中发挥着重要作用，槟榔象征两性结合（热、凉），在婚姻、求爱中也起到重要作用。16 世纪 70 年代香烟开始引入菲律宾，于 1601 年左右在爪哇上流社会先流行开来，逐步部分取代槟榔。

女性在东南亚的日常生活和物质生产中比较独立，相对于中

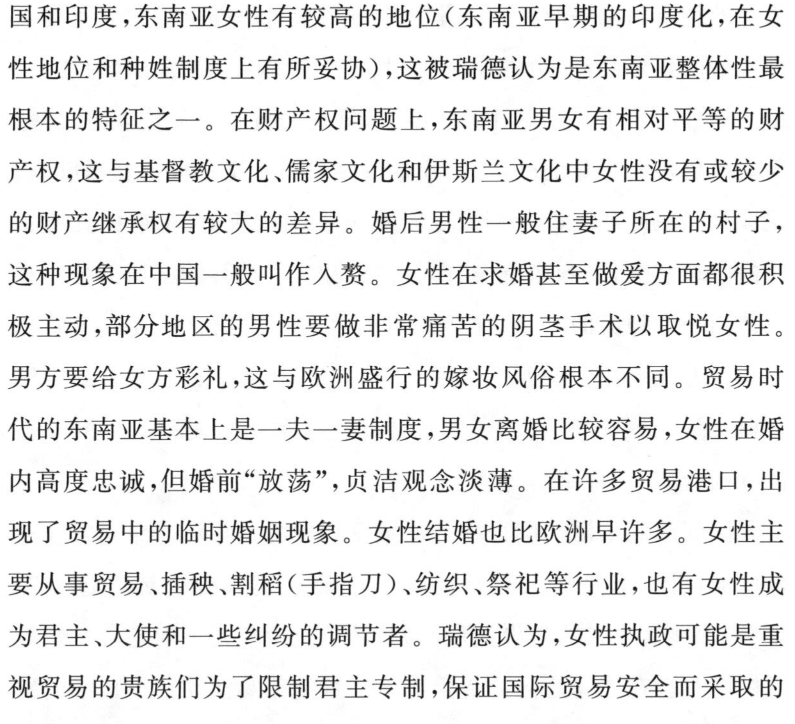

国和印度，东南亚女性有较高的地位(东南亚早期的印度化，在女性地位和种姓制度上有所妥协)，这被瑞德认为是东南亚整体性最根本的特征之一。在财产权问题上，东南亚男女有相对平等的财产权，这与基督教文化、儒家文化和伊斯兰文化中女性没有或较少的财产继承权有较大的差异。婚后男性一般住妻子所在的村子，这种现象在中国一般叫作入赘。女性在求婚甚至做爱方面都很积极主动，部分地区的男性要做非常痛苦的阴茎手术以取悦女性。男方要给女方彩礼，这与欧洲盛行的嫁妆风俗根本不同。贸易时代的东南亚基本上是一夫一妻制度，男女离婚比较容易，女性在婚内高度忠诚，但婚前“放荡”，贞洁观念淡薄。在许多贸易港口，出现了贸易中的临时婚姻现象。女性结婚也比欧洲早许多。女性主要从事贸易、插秧、割稻(手指刀)、纺织、祭祀等行业，也有女性成为君主、大使和一些纠纷的调节者。瑞德认为，女性执政可能是重视贸易的贵族们为了限制君主专制，保证国际贸易安全而采取的有效手段之一。我们知道，当代东南亚曾出过许多女性领导人，比如菲律宾前总统科拉松·阿基诺、阿罗约，印尼前总统梅加瓦蒂，泰国前总理英拉，缅甸全国民主联盟主席昂山素季等，这与东南亚历史上女性相对较高的地位有一定的关系。

东南亚的节庆与娱乐活动也是东南亚整体性的重要表现。王公贵族、平民百姓皆乐此不疲。这些节日活动中体现出较浓的巫术与宗教色彩。例如“欢送洪水节”的王室游行，是为了确保洪水退去。此外，还有诞辰庆典、太阳崇拜以及娱神活动。盛大的王室婚礼也往往成为重要节日。节庆的主要目的是让民众参与显示国家威严和社会等级的活动，也是商人和民众参与诸如贸易和朝贡之类的经济活动的时机。王室常在重要节日举办隆重的以竞赛类为主体的娱乐活动,由国家组织,目的在于确立其“典范”的地位。王室举办的娱乐活动有斗象、斗鸡和赛龙舟等。大象代表着王室,而老虎代表着危险的外国人,比赛的结果几乎全是大象获得胜利,这成为国王的象征性胜利。王室热衷于斗鸡活动,斗鸡也具有重要的宗教意义,是寺庙节庆、奉献仪式和进香朝拜的必要部分。鸡血被用于对神灵的祭祀,在斗鸡以前总要首先抚慰神灵。王室热衷于举办斗鸡比赛的原因之一,可能是血祭能保证生育力的持续旺盛,保证战争的胜利。赛龙舟活动往往被用来表示国王的象征性胜利,也是一种赌博行为。

民间的娱乐活动同样盛行。最受欢迎的是斗鸡。斗鸡常代表村庄的认同,更是男人尊严的代表(“菲律宾人爱公鸡胜过爱妻小”),它涉及主人的身份地位问题,甚至是生存死亡问题。基督教或伊斯兰教在这一地区的传播也无法禁绝斗鸡活动。小孩子们则利用植物玩一些独具特色的游戏,主要有斗蛐蛐、斗蜘蛛、玩海贝、放风筝、打陀螺、投骰子等。

第二卷《扩展与危机》共有五章,由于时间关系,我们只一起分享一下其中的四章内容,即关于东南亚贸易时代的概况、宗教革命、专制国家的弊病和东南亚贫困的起源。瑞德对贸易时代的时间界定大致为1450—1680年。瑞德认为1370年前在“蒙古和平”下,陆路商贸发达,东南亚海上贸易沉寂,加上1346—1348年黑死病对欧洲市场的严重冲击,东南亚的海上贸易受到严重影响。但郑和下西洋(1405—1433)刺激了东南亚的海上贸易,15世纪欧洲的复兴以及到16世纪末17世纪初欧洲餐桌对香料的疯狂消费都

极大地刺激了东南亚的海外贸易。美洲、日本白银的大量输入进一步刺激了贸易的发展。到1570—1630年间东南亚贸易高度繁荣。但由于荷兰东印度公司的贸易垄断和17世纪危机，东南亚在17世纪后期抽身于国际贸易之外而趋于保守，贸易时代随之结束。

东南亚从印度进口棉布，从美洲和日本进口白银，从中国进口铜钱、丝绸、瓷器及其他制成品，东南亚输出胡椒、香料、香木、树脂、珍珠、蔗糖等。欧洲对香料的疯狂需求，某种程度上促进了大航海时代的到来。关于香料贸易的统计情况，在这里不准备详述。不过我向大家推荐一本关于香料贸易的文化史著作杰克·特纳《香料传奇：一部由诱惑产生的历史》(三联书店，2007)。

贸易时代东南亚的经济和政治遗产基本上已消失殆尽，但宗教革命却深度地影响了东南亚的历史文化并持续至今。在外来宗教传入东南亚之前，当地人有各式各样的本土信仰。此时期是各种经文宗教(佛教、基督教和伊斯兰教)快速传播时期，东南亚的土著宗教一般称为万物有灵或精灵崇拜，呈现出丰富多样性。有几千或更多精灵，无系统完备的信仰体系和祭祀仪式，基本上无宗教与世俗之分。民间信仰的功利主义比较明显，祖先崇拜比较盛行，非常重视葬礼，有二次葬习惯(中国传统上也有这种风俗)。爪哇、巴厘有殉葬习俗。这些本土宗教均为非经文宗教，也被称为原始宗教。经文宗教的传入比较迅速地改变了当地人的宗教信仰。缅甸、老挝、泰国、柬埔寨逐步信仰上座部佛教。伊斯兰教在海岛地区达到广泛传播，包括巴赛、马六甲、亚齐、柔佛和北大年等地。伊斯兰传教者常与本地人通婚(与基督教独身神甫传教不同)，他们也相对更容易接受本地传统,因而伊斯兰教传播速度比基督教更快,但其重要障碍是吃猪肉的习俗。

东南亚居民改宗有着丰富的动机。可携带性是东南亚居民改宗的重要原因。因为地方性精灵崇拜差异大,频繁的贸易或旅行不方便携带家乡的神灵,在异乡可能会受陌生的精灵摆布(控制在敌人之手),因而贸易为改宗提供了条件。最先伊斯兰化的是商人集团。改宗和财富也有较大的关系。穆斯林和基督徒最初以富有的商人面貌出现在东南亚,掌握着精灵世界的秘诀,这对当地居民产生了很大的吸引力。军事方面的因素也是本地居民改宗的重要原因。穆斯林和基督徒多掌握火器,这对战争的胜负至关重要,在两大宗教争夺东印度尼西亚时,当地民众竞相投靠胜利者,获取火器技术的秘密。当地民众认为战争胜利都有神相助,一些君主许愿,如果新宗教能帮他们胜利,就改宗。经书的神圣权威也是改宗的原因之一。而文字,简单易学的字母,为下层民众学习提供了机会。熟记经文,用当地语言,以当地诗歌形式进行传播,促进了新宗教的传播。是否有助于治病,也是居民改宗的原因。格尔茨研究了流行病爆发与大规模改宗的关系,认为大规模流行病对传统秩序产生了重要冲击,也动摇了旧宗教体系,比如黑死病是欧洲宗教改革的诱因之一。新的经文宗教提供的可预测的道德世界,终极奖励(天堂)、终极惩罚(地狱),也是当地人改宗的原因之一。

新经文宗教的广泛传播对当地传统文化和价值观念产生了很大的冲击。换句话说,当地改宗的民众经历了艰难的文化转折,最突出的是性道德问题。在西方神甫看来,东南亚女性淫荡不羁,男性一夫多妻败坏道德。此外,新宗教并不容忍女性主持祭祀活动,

新宗教的男尊女卑主张对旧文化女性相对独立的思想也产生较大的冲击。新宗教的传播对传统的权力关系也产生一定的冲击。新宗教强调人人平等，与原本印度教文化等级观念相矛盾。但新宗教凭借民众或商业势力成为争夺王位的武器，被君主加以运用。故伊斯兰教和上座部佛教，最终却成为加强王权的武器，成为贸易时代的特色，国王得以继续强调其神性。不过，文化交流是相互的，问题的另一方面是伊斯兰教与本地文化进行了妥协或产生本地化过程。

在第二卷第四章中，瑞德强调了专制主义国王与商人和贵族集团的矛盾。国王宣称对臣民土地和财产拥有所有权。东南亚的专制主义面对的不是封建主义更不是立宪主义，而是没有被纳入国家发展进程的独立家族、部落和商人。臣民和外国人死去且子嗣未婚的话，财产将被没收。无男性子嗣的男子死后其财产归国王。相比同时代的欧洲，东南亚没有专制主义理论和制度，使社会其他因素不能形成新的力量。国王亲自干预市场，没有同商人结盟以削弱贵族的必要。没有限制王权的理论依据，也没有宗教和世俗的分权。贸易时代结束时，那些曾经孕育了专制主义的权力基础也消失殆尽。此时期遗留下了法律化的遗产和一些官僚统治的技术，但没有能建立任何一种令人满意的制度模式：即政府如何能够变得强大又有法制，既有中央集权又能维持宪政体制。

东南亚商业和专制政权的关系与欧洲有一定的相似性也有很大的不同。与西欧相同的是，贸易时代的东南亚与世界贸易整合，生产和消费的商业化、城市的增长、经济功能的专业化、税收的货币化、军事与交通技术的迅速改善，以及专制主义国家的发展。总体上看,东南亚与世界贸易的紧密关系的经历更接近于西欧和日本而不是亚洲大陆国家。两者主要的区别在于,与欧洲甚至是亚洲大部分国家相比,东南亚私有产权保障的缺乏明显阻碍了金融机构的发展和固定资本的积累。一方面是市场的快速发展,另一方面是王权的极度膨胀,使得两者关系紧张,而不是欧洲模式的联合。

上述各章应该可以否定这样的看法:即东方永远静止不变,资本的主要发展和技术创新的动力都集中于欧洲。东南亚的发展轨迹呈现出"先进后退"的模式,15—16 世纪与世界经济密切互动,到 17 世纪中叶开始撤退。

一系列因素导致了东南亚从贸易时代的繁荣走向凋敝,在第二卷的最后一章里,瑞德详细分析了这些因素,并认为,这是东南亚贫困的起源。到了贸易时代的后期,特别是 18 世纪,欧洲人越来越认为,东南亚之所以没有致富或是走向现代化,最主要的原因是统治阶级的贪婪遏制了中产阶级的发展。在贸易时代的东南亚,普通臣民的私有财产权得不到保护,"人们对创造和积累财富毫无热忱,因为无论他们有什么东西都会被抢夺一空,他们的财产只要被国王霸占就立刻不再属于他们了"。东南亚资本主义发展缺乏一个独立于宫廷之外的大商人阶层。

我们知道制度经济学家非常强调制度因素特别是私有产权的保护在经济发展中的作用。东南亚不倾向于把财富变成固定资产进行扩大再生产,雄才大略之人喜欢网罗依附人,来称王称霸,小人物将财产置换成珠宝或精美的纺织品,便于逃跑。高脚屋易建易毁,不利于财富的积累。这些是东南亚后来走向贫困的根本性

因素。不过瑞德强调，东南亚不是历来如此，主要是贸易时代后期宫廷力量击败市场，加速了东南亚的凋敝。假如两者势力均衡的话，东南亚将是另一种景象。与西方军事冲突的失败和17世纪世界范围内的经济政治危机，促使了东南亚经济的进一步落后。

16、17世纪东南亚海上贸易中心不是被西方殖民势力摧毁就是被占领。欧洲人的各种优势比较明显：先进火器、坚固堡垒、亚洲同盟和冷酷无情。葡萄牙1511年占领马六甲使许多贵族流亡海外，这促使其他商贸中心的涌现，因而葡萄牙的到来加强了东南亚的贸易而不是削弱。但荷兰东印度公司的到来对东南亚贸易产生了巨大冲击，荷兰的目标是垄断贸易。17世纪20年代，亚齐、马打兰在与荷兰的斗争中遭到惨败。到1629年左右，贸易时代高峰结束。随之的结果是，17世纪东南亚从世界贸易撤退，荷兰垄断了贸易，同时以农业为基础且对贸易缺乏兴趣的内陆国家兴起。不景气的商业气候、荷兰垄断、军事失利和干旱频繁的相对不稳定的气候，导致了东南亚17世纪中叶罕见的严重危机。

贸易时代重新塑造了东南亚，使其成为全球贸易中纵横驰骋的主角。当“漫长的16世纪”全球贸易蓬勃发展之际，风下之地正享受其利。1400年前后是贸易时代的起点，1570—1630年是贸易时代的顶峰，1680年代贸易时代挣扎着结束，商业、城市和多元主义的重要性在东南亚逐渐下降，当局对外来思想不再信任，日趋保守。结果是贸易时代对东南亚最深刻的影响是外来经文宗教的传播，其他方面的影响早已衰微。

四、简评

从学术史或是研究范式的角度讲,这本书有很高的学术价值,特别是从东南亚史研究的视角看,这种价值是显而易见的。本书非常值得中国东南亚研究学者学习,以改变正如本书的译者之一孙来臣所说的中国中心论、民族主义、与国际学术界脱节等现状。①

周鑫在2011年的《海洋史研究》中发表了一篇书评(同学们有兴趣可以找来看看,由于时间关系,这里不介绍英文书评)。他在该书评中详细阐述了瑞德的学术贡献,例如计量方法的娴熟使用,用整体视角及以东南亚为中心对东南亚进行研究等等。不过瑞德主要运用欧洲观察家的史料,使用本土史料比较少,运用中国方面的史料也相对不足,可能也存在从整体视角出发选择和解读史料,而有意忽视相反的材料。

正如李伯曼与贺圣达等人所指出的,瑞德眼中东南亚的整体性存在着一定的问题。李伯曼认为大陆东南亚与海岛东南亚差异巨大,瑞德书中的东南亚整体性,主要是指海岛东南亚,回避了海岛东南亚与大陆东南亚的巨大差异性。贺圣达特别指出现实整体性与整体性视角的区别,认为东南亚是多样性与统一性的整体,瑞德混淆了东南亚历史上存在的整体性的事实与整体性学术研究的视角的区别。直到今天,东盟所追求的整体性或共同体仍然任重

---

① 孙来臣:《中国东南亚研究述评》,《南洋问题研究》2010年第4期。

道远。

本书的另一大成就是反对西方中心论或欧洲中心论，突出以东南亚为中心的历史。不过在此问题上可能出现了一些矫枉过正的现象。比如作者认为贸易时代东南亚人比西欧长寿，当时的东南亚人身高高于欧洲人，近代东南亚识字率高于欧洲。这些问题的论证证据并不充分。此外，此书的翻译也有一点问题。①

从批判西方中心论的角度看，近年来学术界取得了丰硕的成果。比如关于中国近代史的研究，出现了以加州学派为代表的重新思考中西方关系、对东西方历史进程进行交互比较等令人瞩目的学术成就。但是，其中一些结论有必要进一步推敲。② 因此，我们对待西方中心论也需避免矫枉过正，走向另外一个极端（中国中心论或亚洲中心论）。

结　论

贸易时代的东南亚某种程度上呈现出类地中海文明的特点，有过曾经的自主、贡献和辉煌。瑞德的东南亚整体史视角和方法对东南亚史研究有着重要的贡献，非常值得肯定和学习，各位同学在写学位论文时可以借鉴其中一些方法。

不过，贸易时代东南亚的繁荣有较大的局限性。它是在地理

① 可参见：http://book.douban.com/review/4969112/.

② 安德烈·贡德·弗兰克：《白银资本——重视经济全球化中的东方》，刘北成译，北京：中央编译出版社，2000年；彭慕兰：《大分流：欧洲、中国及现代世界经济的发展》，史建云译，南京：江苏人民出版社，2004年。

大发现、明王朝兴盛的背景下产生的。东南亚在贸易时代出口的毕竟都是土特产,没有多少技术进步或制度与组织上的创新(殖民时代种植园经济延续了这种脆弱的没有进步的繁荣)。贸易时代昙花一现,其留下最深刻的影响是宗教,也恰恰都是外来的。当然这并不代表否定东盟未来的光辉前景。

此外,应该避免从西方中心论走向另外一个极端即中国中心论或亚洲中心论。中国文化其内在的局限性没有必要回避,需要重新反思和学习域外文化,而不是夜郎自大,自负于"中国模式"而阻碍了当代中国向西方学习的动力和放慢改革的步伐。地中海文明是欧亚非三大洲不同文明交流、交互影响产生的。曾直接导致了西方的崛起和启动了世界现代化进程,其文明仍然非常值得中国认真学习。西方中心论应该批判,但也应该承认欧洲曾经的中心地位,看到权力重新向亚洲或东方转移的前景(权力转移理论)。不论是以东南亚为中心的东南亚史,还是以中国为中心的中国史学,学术成就是有目共睹的,不过全球史的视角可能是下一个方向。

厦门大学人文经典系列讲座讲演集

厦门大学人文经典系列讲座创建于2011年2月24日，它最初是由厦门大学老师自发创建的一种学术运动。

一个民族的学术文化的命脉往往是在具有原创性的人文经典中得以继承和发展的，尽管当今社会很难创造出传世和令人惊叹的人文经典，但我们不能放弃引领人们阅读人文经典的责任。

其实，对人文经典的界定和解读，反映的是一所大学的核心学术能力和智识水平，彰显的是这所大学特殊的学术品位和风格，阅读人文经典是对一种永恒价值的重新发现，这个过程同时也检验着我们的智识、激情和社会责任。

【第一辑：学者的使命】

【第二辑：误读的经典】